Jan Ullrich

# Große Schleife die Zweite

## Tour de France '97

**Co-Autor: Hagen Boßdorf**
**Fotos: Gero Breloer**

**Redaktionelle Mitarbeit:**
**Peter Becker,  Michael Streck**

# Inhalt

Tour de France

»Als die Spitzengruppe von einem Zitronenfalter
überholt wurde,
gaben viele Rennfahrer das Rennen auf.«

GÜNTER GRASS

# Vorwort

**E**inen Tag nach der Tour de France stehe ich auf dem Balkon des Rathauses von Bonn. Meine Beine tun weh, die Augen sind müde. Aber ich bin hellwach, denn das ist das Schönste, was ich in meinen 23 Lebensjahren erlebt habe. Es sind bestimmt 20.000 Fans, die meine Mannschaft und mich wieder in Deutschland empfangen haben. Wir waren drei Wochen lang in Frankreich unterwegs. Jetzt sind wir wieder zu Hause.

Der Jubel nimmt kein Ende und ich ahne zum ersten Mal, was ich da angerichtet habe: Ich habe als erster deutscher Rennfahrer die Tour de France gewonnen.

Die »Große Schleife« ging in diesem Jahr über 3870 Kilometer von Rouen in der Normandie am Atlantik entlang, über die Pyrenäen, Alpen und Vogesen bis nach Paris.

250 Fotografen beobachteten die Tour. Einer von 16 auf einem Motorrad war Gero Breloer, der die Fotos für dieses Buch gemacht hat.

2.000 Journalisten befragten, belagerten, ja belästigten die 198 Radfahrer. Mit Hagen Boßdorf habe ich mich trotzdem jeden Tag getroffen und ihm von »meiner« Tour erzählt.

Viele Menschen begleiten mich, seitdem ich Radrennfahrer bin. Peter Becker trainiert mich seit zehn Jahren und kennt mich so gut wie wenige. Mit diesem Team ist dieses Buch entstanden.

Die Tour de France soll das härteste Abenteuer der modernen Menschheit sein, habe ich gelesen. Ich kann das nicht endgültig bestätigen, weil mir die Vergleiche fehlen. Aber hart war sie auch dieses Jahr, und spannend und schnell und gefährlich.

Ich lade Sie herzlich ein, diese 23 Tage im Juli 1997 noch einmal mitzuerleben. Ich lade Sie ein zum schwersten und schönsten Radrennen der Welt.

Ihr

1

Die erste Medaille
1985: Jan gewinnt Gold
im Radsport-Mehr-
kampf bei der Kreisspar-
takiade in Rostock vor
André Korff (heute
Radteam Berlin)

Der erste Winter
1985: Start zum
Straßenrennen in Bad
Doberan mit der
geborgten Wollmütze
von Übungsleiter
Peter Sager

Die erste Meisterschaft
1986: Mit den
Rostockern wird Jan
Mannschaftsmeister der
Sportvereinigung Dyna-
mo in Forst (Lausitz)

Das erste Rennrad
1986: Übersetzungskontrolle
vor dem Start in Forst

8

# Die Karriere
# Jan Ullrichs

## In Rostock

Dieser 1. Advent am 2. Dezember 1973 ist ein besonders schöner und sonniger Tag. In Rostock an der Ostsee wird ein Sonntagskind geboren. Sein Name ist Jan Ullrich.

In Papendorf, einer kleinen Gemeinde bei Rostock, beginnt sein sportlicher Weg. Was später einmal als »eins der größten deutschen Radsporttalente aller Zeiten« beschrieben wird, zeigt sich zunächst in ungewöhnlich günstigen physischen und psychischen Anlagen. Im »Sportland« DDR werden Talente systematisch gesucht und gefördert. Deshalb ist es normal, daß Jan entdeckt wird. Neun Jahre ist er alt, als er in seinem ersten Crosslauf siegt. 1983 startet er in Warnemünde zu seinem ersten Schüler-Radrennen – und gewinnt. Sein Übungsleiter bei Dynamo Rostock-West, Peter Sager, empfiehlt das Talent an die Kinder- und Jugendsportschule (KJS) nach Berlin. Für »Ulle« das erste große Ziel in seinem Leben. Der schmächtige, 1,60 Meter kleine Junge erreicht, was er will.

## In Berlin

So sitzt »Ulli«, wie er in Berlin genannt wird, ab 1. September 1987 auf der Schulbank der KJS »Werner Seelenbinder«. Jan Ullrich sprüht vor Energie. Er versteht nicht, daß er nicht umfangreicher trainieren darf, daß er einer Gruppe sportlicher Spätentwickler angehört, die behutsam aufgebaut werden soll. Neben seiner allgemeinen Athletik zeichnen ihn schon in dieser Phase psychische Eigenschaften wie Konzentrationsvermögen, Risikobereitschaft und Siegeswillen aus. 1988 wird er in Pirna bei Dresden in seinem ersten B-Jugendjahr überlegen DDR-Straßenmeister. Sein erstes Meistertrikot widmet er seinem Opa, der in Rostock stolz die Entwicklung seines Enkels verfolgt. Sein erster Auslandsstart führt Jan Ullrich zum Finale der

»Kleinen Friedensfahrt« nach Jevicko in Tschechien. Vor Aufregung bekommt er Fieber, was seine Teilnahme gefährdet.

1989 wird er DDR-Juniorenmeister im Punktefahren auf der Bahn und Dritter auf der Straße. Als Bahnfahrer erlebt er 1990 in Manchester auch seine erste Weltmeisterschaft und wird Vierter im Punktefahren. Ullrichs Stärke ist seine Vielseitigkeit. Als nach der Wende der Querfeldeinsport in Ostdeutschland populärer wird, qualifiziert er sich auch in dieser Disziplin für die Weltmeisterschaft in Gieten (Holland) und wird völlig überraschend Fünfter. Trotz der Erfolge auf der Bahn und beim Cross weiß Jan Ullrich immer, wohin er eigentlich will: auf die Straße. Dort erlebt er in Colorado (USA) seine erste Junioren-Weltmeisterschaft als Neunter mit der Mannschaft. Im Einzelrennen quält er sich nach zwei Defekten als bester Deutscher auf den 27. Platz. In seiner Altersgruppe gehört er also zur absoluten Spitze. Wie aber wird er bei den Amateuren bestehen?

Das erste Team 1986: Jan Ullrich (2. von rechts) als Kleinster der SG Dynamo Rostock-West vor dem Start zur Bezirksmeisterschaft

10

Die erste Bahn-Welt-
meisterschaft
1990: Jan (stehend, 7.
von links) vor der Junio-
ren-WM in Manchester
u. a. mit der Weltrang-
listenersten Hanka Kup-
fernagel (vorn, 2. von
rechts) und Trainer
Peter Becker (hinten,
links)

Die erste Cross-Meister-
schaft
1990: Als 17jähriger mit
Turnschuhen und Haken-
pedal als Dritter der
Deutschen Meisterschaft
in Denzlingen

## In Hamburg

Er beginnt mit der Herbst- und Wintervorbereitung: Krafttraining, Cross,
Radtraining auf der Straße, Geländeläufe und Schwimmen. Außerdem ist Jan
seit dem 1. September 1991 Lehrling als Industriemechaniker. Eine Lehre, die
er nie beendet, weil seine ganze Konzentration und Zeit dem Sport gelten.

Dann soll Jans Trainer Peter Becker in Hamburg mit dem Geschäftsmann
Wolfgang Strohband, der später Ullrichs Manager wird, ein neues Radteam
aufbauen. Für »Ulli« keine Frage, er zieht mit um. Noch als C-Amateur gewinnt er 1992 sein erstes Rennen bei den Männern mit Syke-Okel-Syke. Im
Mai ist Jan Ullrich A-Fahrer und kann an der Deutschen Meisterschaft teil-
nehmen, wo er 27. wird.

1993 wird »sein« Jahr: Sieg bei der Bohemia-Rundfahrt und beim Bun-
desliga-Rennen in Neustadt, Etappensiege in Belgien und Österreich. Im
letzten Moment nominiert ihn der Bundestrainer für die WM-Vorbereitung
in Colorado. Auf einem schweren Rundkurs bei Oslo wird Jan Ullrich als
19jähriger jüngster Amateur-Weltmeister aller Zeiten. Danach gewinnt er
als Zugabe die Australien-Rundfahrt und den Weltpokal. Folgerichtig
wählen ihn die Leser des Fachblattes »Radsport« zu Deutschlands Radsportler des Jahres 1993.

Die erste Trainingsfahrt 1991: Nach dem Umzug nach Hamburg-Hummelsbüttel mit Giebelmann, Korff und Trainer Becker

Die erste Bundesliga 1992: Panasonic Hamburg steigt nach den Relegationsrennen am Inselsberg (Thüringen) mit Jan Ullrich, der im Spurt Lutz Lehmann unterlag, auf

Der erste Amateursieg 1992: Siegerinterview nach überlegenem Erfolg bei Syke-Okel-Syke

Die erste Wohngemeinschaft
1992: Peter Becker als Betreuer in
allen Lebenslagen

Der erste Weltmeistertitel
1993: Becker gratuliert in Oslo dem
jüngsten Amateur-Weltmeister aller
Zeiten, im Hintergrund Jans Berater
Wolfgang Strohband

Die erste Südafrika-Reise
1994: Drei Etappensiege im Regen-
bogentrikot bei der Rapport-Tour in
Südafrika

1

Trotz des großen Erfolgs verläßt der Hauptsponsor Panasonic Jans Team in Hamburg. Auf Müsing-Rädern geht es 1994 weiter. Jan Ullrich krönt das Jahr mit dem Gewinn der Bronzemedaille bei der Weltmeisterschaft im Zeitfahren auf Sizilien. Wie geplant, wechselt er am Ende des Jahres zu den Profis, zum Team Deutsche Telekom.

Die ersten Probleme 1994: Bei der Deutschen Bergmeisterschaft in Bad Säckingen wird Jan Ullrich als Weltmeister gejagt

## In Merdingen

Es beginnt eine Zeit der Lehre, auch der Enttäuschungen und neuer Erkenntnisse. Trotz des Deutschen Meistertitels im Zeitfahren in Forst (Lausitz) und des 4. Platzes auf der Straße – Jan Ullrich ist mit seinem ersten Profijahr nicht zufrieden. Er analysiert die Gründe und verstärkt wieder die Zusammenarbeit mit seinem Trainer Peter Becker.

1996 sind eigentlich die Olympischen Spiele in Atlanta sein großes Ziel. Seine Form zur Tour de Suisse und zur Deutschen Meisterschaft in Betzingen, wo er jeweils locker Zweiter wird, veranlaßt Teamchef Walter Godefroot, Jan kurzfristig für die Tour de France zu nominieren. Beim schwersten Radrennen der Welt gewinnt er das zweite Zeitfahren nach St. Émilion, erreicht fünf weitere Plazierungen unter den Top Ten und insgesamt Rang zwei hinter seinem Teamkollegen Bjarne Riis. Die Radsportwelt ist begeistert.

Jan Ullrich gewinnt noch die Regio-Tour und wird Fünfter bei der Umfrage nach Deutschlands populärsten Sportlern. Ein großes Jahr geht zu Ende. Was wird 1997 bringen?

Die erste Profi-Medaille 1994: Noch als Amateur gewinnt Jan Ullrich gegen die Profis die Bronzemedaille bei der WM im Zeitfahren auf Sizilien

Die erste Tour 1996: Jan Ullrich (rechts) als zweiter Deutscher nach Kurt Stöpel 1932 auf dem Podium der Tour de France

Von dieser Stelle haben
Jan und Gaby einen
Panoramablick auf ihr
verträumtes Merdingen

# Meine Begleiter

## Meine Freunde

Es ist schwer für mich, Freundschaften zu pflegen. Wer mehr als 250 Tage im Jahr unterwegs ist, wie soll der sich um seine Freunde kümmern? Mein bester Kumpel ist Radprofi wie ich, dem muß ich nicht viel erklären über das Rennerleben. Das ist Dirk Baldinger. So richtig kennen lernten wir uns 1993 vor der Weltmeisterschaft, als wir wochenlang mit der Nationalmannschaft unterwegs waren. Ich wurde damals sehr kurzfristig ins Höhenlager nach Colorado mitgenommen. Dirk half mir, mich in die Gruppe zu integrieren.

An ihm gefiel mir sein Positives Denken. Dirk weiß zwar genau, wohin er will, aber er verfolgt seine Ziele nie verkrampft oder verbissen. Das war der richtige Freund für mich. Er hat mir 1994 auch geraten, in sein Dorf Merdingen bei Freiburg umzuziehen. Überreden mußte er mich nicht. Ich wohnte noch in Hamburg und suchte bessere Trainingsstrecken und Trainingspartner. Beides habe ich im Schwarzwald gefunden. Als ich im Herbst 1994 nach Merdingen kam, empfing mich die gesamte Familie Baldinger mit offenen Armen. Ich habe sogar ein halbes Jahr bei ihnen gewohnt. Die haben mich behandelt wie ihren eigenen Sohn.

Umso furchtbarer war es auch für mich, als der »richtige« Sohn Baldinger 1995 bei der Tour de France in diesen grausamen Sturz verwickelt war, bei dem der Italiener Fabio Casartelli tödlich verunglück-

Zwei gute Freunde beim gemeinsamen Training: Jan Ullrich und Dirk Baldinger, den eine Verletzung an seinem Tour-Start '97 hinderte

te. Wie leicht hätte es auch Dirk treffen können? Es war keine besonders gefährliche Stelle bei der Abfahrt vom Portet d'Aspet, als Casartelli von der Straße abkam und mit dem Gesicht auf einen Begrenzungspfeiler prallte. Dirk Baldinger stürzte direkt hinter dem Italiener und zog sich schwere Beckenverletzungen zu. Er wurde nach Hause geflogen und ins Krankenhaus eingeliefert. Ich wünschte mir damals, daß Dirk auch durch meine Freundschaft schneller über dieses tragische Erlebnis hinwegkommt.

Überhaupt haben mich die Leute nach meinem Umzug nach Merdingen sehr herzlich empfangen. Vielleicht liegt es auch daran, daß es im Schwarzwald so viele Radsportverrückte gibt. Ich denke zum Beispiel an die Familie Keller, die in Merdingen zwei Gasthäuser betreibt. Mit wieviel Arbeit und Zeitaufwand sie sich mit anderen Merdingern um meinen Empfang nach der letzten Tour oder eine Radsport-Gala für Dirk Baldinger und mich im November kümmerten, das war absolute Klasse. Da habe ich gespürt, daß ich hier zu Hause bin. Aber das liegt vielleicht auch noch an einer anderen Person...

## Meine Freundin

Es gibt Daten, die vergißt man nicht, weil an diesen Tagen irdendwas wichtiges passierte. Weichen gestellt wurden. So geht es mir mit dem 19. November 1994. An diesem Tag feierte Dirk Baldinger in Merdingen seinen Deutschen Meistertitel, den er im Sommer in Bonn errungen hatte. Er hatte ungefähr 150 Leute eingeladen, mich auch. Irgendwann stellte mir Dirk eine Schulfreundin von ihm vor. Sie kam auch aus Merdingen und hieß Gaby. Mir gefiel vom ersten Augenblick an ihr Aussehen. Im nächsten Moment begeisterten mich ihre Herzlichkeit und Fröhlichkeit. Heute muß ich zugeben, Gaby ist das Beste, was mir passieren konnte.

Radrennen waren nichts Neues für sie. Sogar Schülerrennen von Dirk Baldinger hat sie schon miterlebt. Ob sie allerdings eine klare Vorstellung vom Leben mit einem Radprofi hatte, möchte ich bezweifeln. Jedenfalls zogen wir im März 1995 in ein wunderschönes Fachwerkhaus im Burgunderweg in Merdingen. Da wohnen wir heute immer noch und fühlen uns sehr wohl. Für mich war das ständige Zusammenleben mit einer Partnerin neu, weil ich in Berlin und Hamburg keine feste Freundin hatte. Deshalb fielen mir die Ortswechsel auch immer relativ leicht. Inzwischen weiß ich schon, was es bedeutet, auf langen Wettkampfreisen auch einmal von Sehnsuchtsanfällen geplagt zu werden.

Rote Kirschen pflück ich
gern... Welch eine Idyl-
le für den Radstar mit
Freundin und dem
Schäferhund Odin

Gaby arbeitet als Zivilangestellte bei der Bundeswehr in Freiburg. Da muß der Urlaub gut geplant werden, um möglichst viele Tage zusammensein zu können. Ich bin ja höchstens 100 Tage im Jahr zu Hause. Dann treffen wir uns mit Leuten aus Merdingen, die Gaby teilweise schon seit Jahren kennt. Inzwischen verstehe ich auch den Schwarzwald-Dialekt absolut problemlos. Zum Tanzen konnte mich Gaby noch nicht überreden, aber wir fahren gern nach Freiburg ins Kino, gehen essen und manchmal fahren wir sogar zusammen Rad. Dann quatschen wir über's Leben und über uns und auch über Kinder. Ich möchte zwei, aber erst später. Und ob mein Sohn unbedingt Radrennfahrer werden muß, das werde ich mir noch überlegen.

Auch wenn mein Auto immer noch ein Rostocker Kennzeichen schmückt, Merdingen ist längst meine neue Heimat geworden. Obwohl mir meine Familie manchmal sehr fehlt.

## Meine Familie

Ich war schon seit anderthalb Jahren nicht mehr in Rostock. Meine Familie sehe ich viel zu selten. Allerdings macht sie es mir auch nicht leicht, weil wir uns über ganz Deutschland verteilt haben. Aber an der Ostsee spazieren, alte Freunde treffen, zum FC Hansa ins Stadion gehen – das wäre schon toll. Aber es fehlt im Moment einfach die Zeit.

Zu meiner Mutter habe ich noch den engsten Kontakt. Im letzten Jahr zu Weihnachten hat sie uns in Merdingen besucht. Ansonsten telefonieren wir mindestens einmal in der Woche. Meine Mutter hatte es wirklich nicht leicht mit uns. Nach der Scheidung von meinem Vater stand sie plötzlich allein mit drei Söhnen da. Trotzdem muß ich sagen, es hat uns an nichts gefehlt, auch wenn ich nicht weiß wie meine Mutter das immer gepackt hat. Ich rechne ihr auch hoch an, daß sie vor allem meinen Bruder und mich uneingeschränkt unterstützt hat, wenn wir zum Sport wollten. Deshalb war es vielmehr als eine pflichtbewußte Geste, als ich meine Mutter im vergangenen Jahr nach Paris auf den Champs-Élysées zur Schlußetappe der Tour de France eingeladen habe. Es war eine kleine Entschädigung für alles, was ich ihr verdanke.

Mit meinem kleinsten Bruder Felix, der vier Jahre alt ist, lebt meine Mutter immer noch in Rostock. Thomas, 19 Jahre alt, wohnt jetzt in Heidelberg. Und Stefan, mit 25 Jahren mein ältester Bruder, lebt in Erlangen und arbeitet als Zweiradmechaniker. Leider hat er gesundheitliche Probleme mit seiner Hüfte. Das hängt mit seiner Laufbahn als Leichtathlet zusammen.

Stefan war Mittelstreckenläufer beim SC Dynamo Berlin und beim SC Empor Rostock. Er hat auch mich zum Sport gebracht.

Es war kurz vor Weihnachten 1982. Damals trainierten Leichtathleten und Radsportler im Winter oft gemeinsam. Mein älterer Bruder nahm mich zu einem Crosslauf mit. In meiner Altersklasse, bei den neunjährigen Jungs, waren zuwenig Läufer am Start. Ich ließ mich überreden, lief mit – und gewann. Danach fragte mich ein Mann, ob ich nicht Lust hätte bei den Radsportlern mitzumachen. Er versprach mir ein Rennrad, und die Sache war entschieden. Das war Peter Sager, mein erster Übungsleiter. Mein »Entdecker« aber war mein Bruder Stefan.

Meinen Vater habe ich zum letzten Mal 1993 gesehen, kurz nach dem ich Weltmeister wurde. Ich suche den Kontakt zu ihm auch nicht. Als ich ihn brauchte, war er nicht da. Die meiste Zeit meiner Kindheit wuchs ich ohne Vater auf. Vielleicht ist mein späterer Trainer Peter Becker deshalb eine so wichtige Person für mich geworden.

Ist eigentlich für Winzertochter Gaby ganz normal: An der Strecke bei Rennen stehen und auf Jans Vorbeifahrt warten

## Mein Trainer

Manche wundern sich über die Tatsache, daß ich als Radprofi immer noch mit einem Trainer zusammenarbeite. Mit der Erfahrung einiger Profijahre, mit dem Rat erfahrener Rennfahrer, eines sportlichen Leiters oder Arztes könnte ich mir meine Trainingspläne auch alleine schreiben. Und erwachsen genug, auf Trainingsintensität und -disziplin zu achten, bin ich mittlerweile auch.

Trotzdem: Die Zusammenarbeit mit Peter Becker ist für mich sehr wichtig. Sie ist sozusagen der Punkt aufs I. Die »Wessis« trainieren immer alleine, schon die Amateure beginnen damit. Aber in der DDR waren uns eine

23

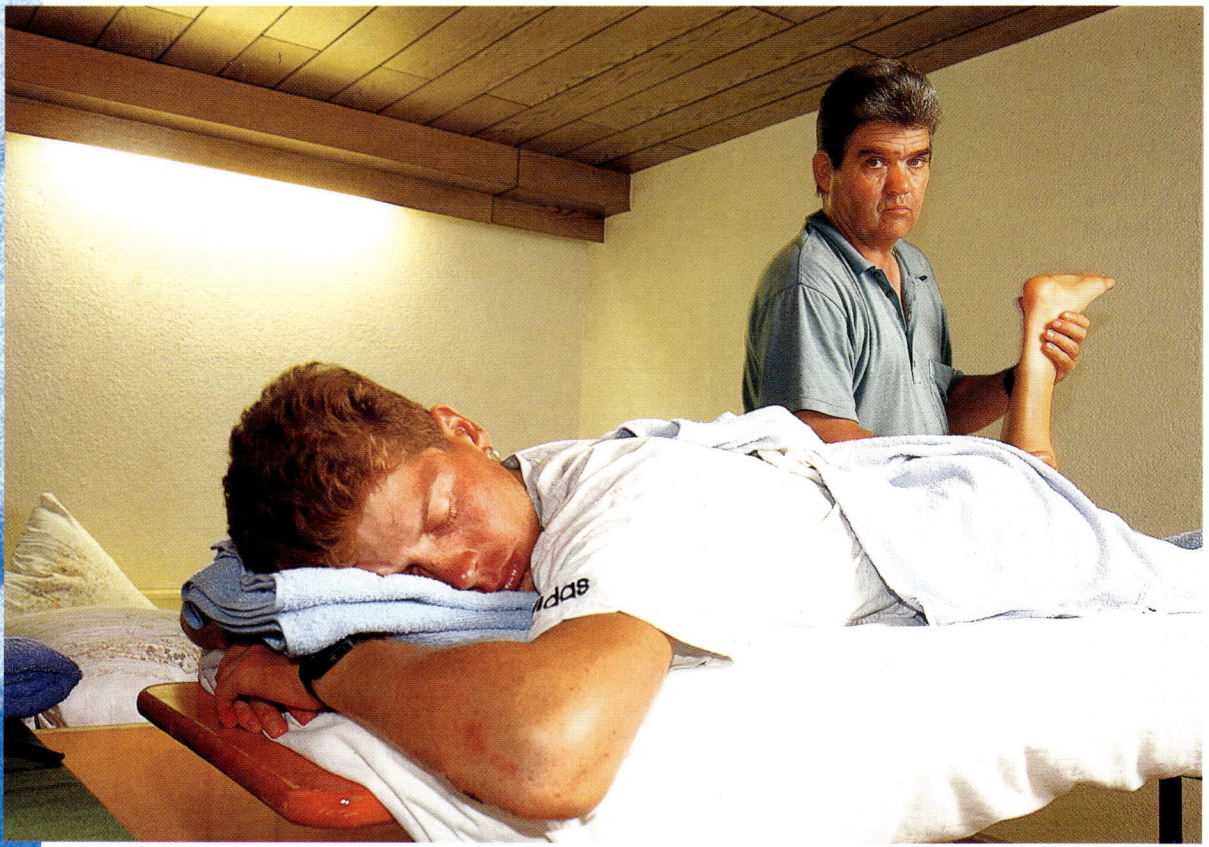

Bei Peter Becker ist Jan im wahrsten Sinne des Wortes in allerbesten Händen…

andere Methodik und Anleitung vertraut. Dazu stehe ich. Deshalb habe ich auch einen Trainer.

Er sah mich zum ersten Mal 1986 in Potsdam bei einem Cross-Rennen. Seit 1987 war Peter Becker dann mein Trainer an der Sportschule und später beim Sportclub in Berlin. Im Herbst werden wir also unser zehnjähriges Jubiläum feiern. Wenn man so lange zusammenarbeitet, kennt man sich in- und auswendig. Der Verlauf der Tour 1996 hat mein Vertrauen zu Peter Becker nur noch gefestigt. Ich kam lange nicht in Form, dann kam er zu mir nach Merdingen. Becker weiß genau, was ich brauche: Kraft oder Audauer oder Schnelligkeit. Und er weiß genau, wie er mich motivieren kann. Manchen mißfällt sein lauter, mitunter schroffer Umgangston. Ich kann damit gut umgehen, weil auch ich ihn eben gut kenne.

In Hamburg haben wir mit anderen Rennfahrern sogar in einer Wohngemeinschaft zusammengelebt. Das war schon witzig. Peter Becker war

24

mitunter fassungslos, was für Filme wir uns im Fernsehen angeschaut haben oder wie es in unserer Bude aussah. Aber wichtig war, daß wir alle an einem Strang gezogen haben. Der Weltmeistertitel war die Quittung dafür. Ich hatte deshalb auch keine Probleme, dem Rat meines Trainers Becker und meines Beraters Strohband zu folgen, als Weltmeister noch ein weiteres Jahr Amateur zu bleiben. Natürlich haben da alle auf mich geguckt, und ich habe nicht mehr so viele Rennen gewonnen. Aber die Erfahrungen, die ich als »Gejagter« gesammelt habe, werden vielleicht noch ganz hilfreich sein.

Wichtig ist eben, daß Peter Becker nicht nur mein trainingsmethodischer Begleiter, sondern auch mein väterlicher Berater geworden ist. An seinem »Vater« muß man ja nicht alles lieben. Aber man muß ihm vertrauen und seine Meinung akzeptieren. Da das so gut bei uns funktioniert, ist Peter Becker ein wichtiger Begleiter für mich.

Die sportlichen Ziele im Duo Ullrich & Becker gibt der Trainer vor: »Einen Platz unter den ersten Dreien, und vor allem, daß der Jan gesund von der Tour '97 kommt«, so der Trainer über seinen Mann mit Zukunft

Ein optimistischer Blick
in die Zukunft des
Youngsters von Team
Deutsche Telekom, der
bereit ist für seine zweite »Große Schleife«

Bitte, recht freundlich!
Jan als Foto-Modell in
ungewohnter Rolle,
aber auf dem Rad muß
er ja auch nicht posieren

# Der Weg
# zur Tour

## Der Sommer

20. Juni. Endlich ist es da, dieses befreiende Gefühl, diese tiefe Freude und Genugtuung. Jan Ullrich hat seinen ersten Saisonsieg 1997 errungen. Es hat lange gedauert. Manche sagen: zu lange. Aber diese vierte Etappe der Tour de Suisse gehörte ihm. Eine Bergetappe von La Chaux-de-Fonds nach Kandersteg. Mit dem Schweizer Roland Meier, den Italienern Stefano Garzelli und Michele Bartoli fuhr Jan unten in den letzten Anstieg. Als er oben ankam, war er allein. Einen Tag später, beim 32 Kilometer langen Zeitfahren in Spiez, wird er zeitgleich mit dem Sieger Sergej Gontschar (Ukraine) Zweiter. Auf sein von der Firma »Pinarello« gebautes »Wunderrad« mußte Jan Ullrich dabei verzichten. Als er sich bereits warmfuhr, wurde die futuristische Zeitfahrmaschine von der Jury verboten. Man warf den Konstrukteuren vor, daß sie das Hinterrad zu sehr verkleidet hätten. Aber trotzdem: Der wichtigste Test vor der Tour de France ist geglückt. Die Jahresplanung scheint aufzugehen.

Ein Blick zurück auf die Champs-Élysées im Juli 1996. Jan Ullrich fuhr mit seinem Team eine sensationelle Tour de France. Fünf Etappensiege, das Gelbe und das Grüne Trikot, Jans zweiter Platz hinter Bjarne Riis – das war einmalig. Die Art, wie der Tour-Neuling sich gegen Ende der »Großen Schleife« immer weiter steigerte und am vorletzten Tag das Zeitfahren in St. Emilion gewann – das war unvergeßlich. Fans und Medien haben seit diesen Tagen neue Erwartungen, reden vom ersten deutschen Tour-Sieger seit 1903.

Bei der Planung der Ziele für 1997 muß sich der neue Rad-Star an neuen Maßstäben messen. Das verlangt einen Zuwachs an Belastungen, das richtige Verhältnis von Umfang und Intensität im Training, eine vielseitige sportartgerechte Ernährung, ausreichend Erholung und Schlaf. Alles muß beachtet werden.

## Der Herbst

Das neue Trainingsjahr beginnt mit Urlaub. Jan Ullrich fährt mit Gaby im Wohnmobil durch das sonnige Kalifornien. Auf der Suche nach Erholung, Ruhe und Zweisamkeit. Drei Wochen lang, fast ohne Radsport. Um so schwerer ist für ihn der Neuanfang. Die Anzahl der Stunden im Kraftraum und der Kilometer auf dem Rad werden für Jan oft zur Tortur. Das große Ziel, die Tour de France, ist noch so weit. Die tägliche Versuchung, Abstriche zu machen, sich zu schonen und auf die Quälerei zu verzichten, ist so groß. Die Freude an der Belastung, die Lust an der Ausbeutung des Körpers, sie entstehen ganz langsam, und es gibt Probleme.

Nach der Tour '96 wurde Jan Ullrich ein »gestreßtes Opfer« des öffentlichen Interesses. Mehr als sechs Stunden saß er in den Fernsehstudios der Republik und gab bereitwillig Auskunft über sich und seinen Sport. Damit war er gefragter als Fußballer wie Jürgen Klinsmann. Geplante Ruhetage waren keine mehr, sie wurden oft anstrengender als 200 Kilometer Training auf dem Rad. Immer wieder ähnliche Fragen, immer wieder Sonderwünsche, immer wieder freundlich sein – das ist die Schattenseite der Popularität.

Eine angenehme Seite erlebt Jan Ullrich im November, als in Paris die Strecke und Etappenorte der neuen Tour de France 1997 präsentiert werden. An der Seite von Bjarne Riis steht er im Mittelpunkt des Medieninteresses. Verlauf und Profil der Tour sind ihm früh bekannt, haben Einfluß auf die Trainingsplanung und -gestaltung.

Ob's ein guter Jahrgang ist? Jan und Gaby bei der Weinprobe mit einem Merdinger Winzer

## Der Winter

Im November trifft sich Jan Ullrich mit seinem Trainer Peter Becker, dem sportlichen Leiter Rudy Pevenage und seinen Teamärzten Dr. Lothar Heinrich und Dr. Andreas Schmidt. Zusammen erarbeitet man den Wettkampfkalender bis zur Tour de France 1997. Jan ist erfolgsorientierter denn je, bringt seine Ideen und Vorstellungen in die Diskussion ein. In diesem Gespräch fällt erstmals das Wort vom »Gelben

Trikot«, nicht als Ziel, sondern als Möglichkeit. Jan soll sich gedanklich mit der – sicherlich unwahrscheinlichen – Situation beschäftigen, bei der Tour de France ins »Mallot Jaune« zu fahren.

Ein normaler Trainingstag in Merdingen sieht zu dieser Jahreszeit so aus: Um 7.00 Uhr Aufstehen, Frühstück, Telefonate, Rad präparieren. Dann sechs bis acht Stunden Training, Massage, Sauna, wieder Essen. Abends dann schriftliche Nacharbeiten, Spaziergänge und wenig Freizeit. Jeden Tag wieder: Wind, Kälte, Nässe, Berge. Schmerzen in den Beinen und im Rücken, Müdigkeit, nachlassende Spannkraft und diese große Einsamkeit auf dem Rad. Der Rennfahreralltag ist unromantisch.

Noch im Januar reist das Team Deutsche Telekom zum ersten Trainingslager auf die Insel Mallorca. Täglich ist der Erfolg der letzten Tour zu spüren: Kamerateams, Journalisten, Politiker und Sponsoren geben sich die Klinke in die Hand. Die Mallorca-Rundfahrt im Februar ist Jan Ullrichs erstes Rennen. Er wird im Frühjahr auf die oft naßkalten Rennen in Belgien verzichten. Nichts ist gefährlicher für ihn als Schnupfen und Erkältung. Deshalb zieht es Jan Ullrich in den Süden – nicht in den Urlaub, sondern zur Arbeit.

Kennt im Alltag keine Staralüren – Jan Ullrich hier beim ganz normalen Einkauf im Supermarkt an der Kasse

## Das Frühjahr

Valencia-Rundfahrt und Tirreno-Adriatico sind Wettkämpfe mit reinem Trainingscharakter. Am 22. März folgt mit Mailand–San Remo das erste Weltcuprennen der Saison. Erik Zabel ist bereits sehr gut in Form, hat mit der Ruta del Sol seine erste Profi-Rundfahrt überhaupt gewonnen. Jan Ullrich bleibt bis zum Finale in San Remo an seiner Seite, verhilft dem Sprinter zu seinem ersten Klassiker-Erfolg.

Für Jan Ullrich folgen die Katalanische Woche und die Baskenland-Rundfahrt. Abschluß der ersten Trainingsphase ist die Aragon-Rundfahrt, wo er sich erstmals ernsthaft testen soll. Mit Erfolg, denn er gewinnt das Bergtrikot. Bei den Frühjahrsklassikern Flandern-Rundfahrt, Paris–Roubaix oder dem Amstel Gold Race fehlt Jan Ullrichs Name in den Startlisten. Er ist noch kein Schlechtwetterfahrer. Dafür startet er am 1. Mai beim bedeutendsten

Traum eines jeden Jungen: Einmal Kapitän sein…

Ein tiefer Schluck aus
der Cola-Flasche – und
sich dann dem Rausch
der Rennrad-Geschwin-
digkeit hingeben

deutschen Eintagesrennen, bei »Rund um den Henninger Turm« in Frankfurt am Main. Rennverlauf und Mannschaftstaktik verhindern leider eine bessere Plazierung als den neunten Rang.

Die zweite Wettkampfperiode beginnt nach radfahrfreier Zeit am 10. Mai. Mit dem sechsten Platz bei seinem Lieblingsrennen, dem Alpenklassiker in Chambery, kann Jan Ullrich ansteigende Form nachweisen. Auf der Autofahrt zum Flughafen in Genf unterhält er sich lange mit Rudy Pevenage, der im Team Deutsche Telekom für trainingsmethodische Entscheidungen verantwortlich ist, über seine mögliche Rolle bei der nahenden Tour de France. Für Pevenage ist klar, daß Jan Ullrich der wichtigste Helfer von Bjarne Riis sein muß.

61 Starts bei Einzel- und Etappenrennen hat er vor der Tour hinter sich. 23 800 Kilometer war er seit Dezember 1996 mit dem Rad unterwegs, davon 13 200 Kilometer im Training. Der überzeugende Deutsche Meistertitel in Bonn ist der Abschluß dieser Vorbereitung. Beim letzten Test auf dem Ergometer in Freiburg erreichte er eine Weltklasse-Leistung. 63 Minuten Fahrzeit und 6,85 Watt/kg lassen den Fachmann aufhorchen. Jeder Hobbyfahrer, der die Hälfte schafft, darf sich als durchtrainiert bezeichnen.

Acht Monate harte Arbeit für drei Wochen gute Form. Jan Ullrich ist im Juli 1997 in hervorragender Form, setzt sich selbst aber nicht unter Druck. Wie wird die Tour de France für ihn und für sein Team Deutsche Telekom laufen?

Ob es Jan Freude bereitet, in der Sauna zu schwitzen? Aber was sein muß… Und der medizinische Test vor der Tour '97 bestätigt ihm dann ja auch Top-Form

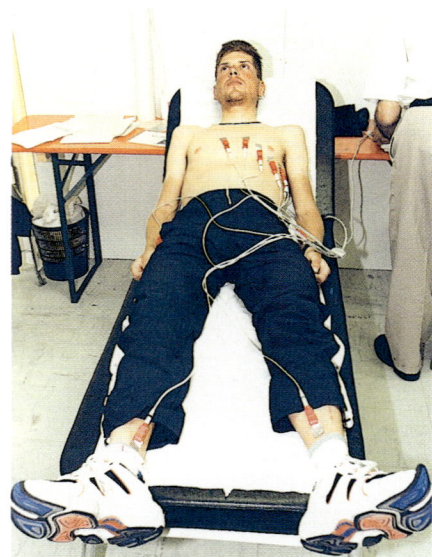

Das Trikot des Deut-
schen Straßenmeisters
gehört zum Gepäck des
Tour-Zweiten von 1996.
Ob es ihm wohl Glück
bringen wird?

Warmfahren für die
»Große Schleife« – das
»Schmuddel-Wetter« im
Startort Rouen war für
die Fahrer vom Team
Deutsche Telekom ein
willkommener Härtetest
für die Tour '97

## Die Sieger 1903-1996

| Jahr | Sieger | Land | | Jahr | Sieger | Land |
|------|--------|------|---|------|--------|------|
| 1903 | Maurice Garin | (FRA) | | 1961 | Jacques Anquetil | (FRA) |
| 1904 | Henri Cornet | (FRA) | | 1962 | Jacques Anquetil | (FRA) |
| 1905 | Louis Trousselier | (FRA) | | 1963 | Jacques Anquetil | (FRA) |
| 1906 | René Pottier | (FRA) | | 1964 | Jacques Anquetil | (FRA) |
| 1907 | Lucien Petit-Breton | (FRA) | | 1965 | Felice Gimondi | (ITA) |
| 1908 | Lucien Petit-Breton | (FRA) | | 1966 | Lucien Aimar | (FRA) |
| 1909 | François Faber | (LUX) | | 1967 | Roger Pingeon | (FRA) |
| 1910 | Octave Lapize | (FRA) | | 1968 | Jan Janssen | (NED) |
| 1911 | Gustave Garrigou | (FRA) | | 1969 | Eddy Merckx | (BEL) |
| 1912 | Odile Defraye | (BEL) | | 1970 | Eddy Merckx | (BEL) |
| 1913 | Philippe Thys | (BEL) | | 1971 | Eddy Merckx | (BEL) |
| 1914 | Philippe Thys | (BEL) | | 1972 | Eddy Merckx | (BEL) |
| 1919 | Firmin Lambot | (BEL) | | 1973 | Luis Ocaña | (ESP) |
| 1920 | Philippe Thys | (BEL) | | 1974 | Eddy Merckx | (BEL) |
| 1921 | Léon Scieur | (BEL) | | 1975 | Bernard Thévenet | (FRA) |
| 1922 | Firmin Lambot | (BEL) | | 1976 | Lucien Van Impe | (BEL) |
| 1923 | Henri Pélissier | (FRA) | | 1977 | Bernard Thévenet | (FRA) |
| 1924 | Ottavio Bottecchia | (ITA) | | 1978 | Bernard Hinault | (FRA) |
| 1925 | Ottavio Bottecchia | (ITA) | | 1979 | Bernard Hinault | (FRA) |
| 1926 | Lucien Buysse | (BEL) | | 1980 | Joop Zoetemelk | (NED) |
| 1927 | Nicolas Frantz | (LUX) | | 1981 | Bernard Hinault | (FRA) |
| 1928 | Nicolas Frantz | (LUX) | | 1982 | Bernard Hinault | (FRA) |
| 1929 | Maurice Dewaele | (BEL) | | 1983 | Laurent Fignon | (FRA) |
| 1930 | André Leducq | (FRA) | | 1984 | Laurent Fignon | (FRA) |
| 1931 | Antonin Magne | (FRA) | | 1985 | Bernard Hinault | (FRA) |
| 1932 | André Leducq | (FRA) | | 1986 | Greg LeMond | (USA) |
| | **2. Kurt Stöpel** | **(GER)** | | 1987 | Stephen Roche | (IRL) |
| 1933 | Georges Speicher | (FRA) | | 1988 | Pedro Delgado | (ESP) |
| 1934 | Antonin Magne | (FRA) | | 1989 | Greg LeMond | (USA) |
| 1935 | Romain Maes | (BEL) | | 1990 | Greg LeMond | (USA) |
| 1936 | Sylvère Maes | (BEL) | | 1991 | Miguel Induráin | (ESP) |
| 1937 | Roger Lapébie | (FRA) | | 1992 | Miguel Induráin | (ESP) |
| 1938 | Gino Bartali | (ITA) | | 1993 | Miguel Induráin | (ESP) |
| 1939 | Sylvère Maes | (BEL) | | 1994 | Miguel Induráin | (ESP) |
| 1947 | Jean Robic | (FRA) | | 1995 | Miguel Induráin | (ESP) |
| 1948 | Gino Bartali | (ITA) | | 1996 | Bjarne Riis | (DEN) |
| 1949 | Fausto Coppi | (ITA) | | | **2. Jan Ullrich** | **(GER)** |
| 1950 | Ferdy Kübler | (SUI) | | | | |
| 1951 | Hugo Koblet | (SUI) | | | | |
| 1952 | Fausto Coppi | (ITA) | | | | |
| 1953 | Louison Bobet | (FRA) | | | | |
| 1954 | Louison Bobet | (FRA) | | | | |
| 1955 | Louison Bobet | (FRA) | | | | |
| 1956 | Roger Walkowiak | (FRA) | | | | |
| 1957 | Jacques Anquetil | (FRA) | | | | |
| 1958 | Charly Gaul | (LUX) | | | | |
| 1959 | Fédérico Bahamontes | (ESP) | | | | |
| 1960 | Gastone Nencini | (ITA) | | | | |

Der Premieren-Sieger von 1903, Maurice Garin. Von 60 gestarteten Fahrern kamen damals 21 ins Ziel. Die erste Tour de France ging über 2 428 Kilometer und sechs Etappen

ANMERKUNGEN:
Im Gegensatz zu allen anderen Rennen wurde in den Jahren 1905-1911 der Gesamtsieger nach Punkten und nicht nach der Zeit ermittelt.
Keine Rennen in den Jahren 1915-1918, 1940-1946.

# Vor dem Start

Kurz bevor die Seine im Atlantik verschwindet, fließt sie durch Rouen. Diese Stadt in der Normandie verehrt ihre Helden: Jeanne d'Arc, Kriegerin und Märtyrerin im Hundertjährigen Krieg gegen die Engländer, wurde 1431 auf der Place Vieux Marche hingerichtet. Am Ort des Scheiterhaufens erinnert heute eine moderne Kirche an sie. Jacques Anquetil, erster Radrennfahrer der Welt mit fünf Siegen bei der Tour de France, starb 1987 in Rouen. Jetzt erinnert eine dicke Hafenmauer an der Seine an ihn. Sie wird am 4.Juli »Quai Jaques Anquetil« getauft. Einen Tag später beginnt in der Heimatstadt von »Monsieur Chrono«, der zwischen 1957 und 1964 elf Zeitfahren gewann, die 84. Tour de France. Die Tour ist noch einmal zu einem ihrer Helden zurückgekehrt.

Auch die anderen »Cinchampions«, wie in Frankreich die fünfmaligen Sieger genannt werden, sind angereist: Eddy Merckx, Bernard Hinault und Miguel Induráin. Die Tour-Helden der 70er, 80er und 90er Jahre stehen stumm nebeneinander auf dem Friedhof von Rouen. Gestört nur durch das Klicken der Fotoapparate. Am großen, schwarzen Grabstein von Jaques Anquetil legen sie Blumen nieder.

**Eddy Merckx** aus Belgien ist heute Fahrradfabrikant in Meise, nördlich von Brüssel. »Kannibale« wurde er genannt, weil er immer hungrig nach Erfolg war. Seine Bilanz wird einmalig bleiben. 445 Siege, darunter fünfmal der Giro d'Italia und einmal die Spanien-Rundfahrt. Dreimal wurde er Straßen-Weltmeister der Profis, 1967 in Heerlen, 1971 in Mendriso und 1974 in Montreal. Auch bei der Tour de France hält Eddy Merckx die Rekorde. Er gewann 34 Etappen und fuhr 96 Tage im Gelben Trikot.

In seiner Fahrradfabrik, die eine Jahresproduktion von 7000 Rahmen erreicht hat, beschäftigt Eddy Merckx heute einige frühere Mannschaftskameraden, die ihm als »Domestiken« seine Siege erleichterten.

**Bernard Hinault** besitzt in der Bretagne eine Farm und einen Betrieb für Bäckereibedarf. »Le Blaireau«, der »Dachs«, war bekannt für seine Gerissenheit und Schläue im Rennen, die er auch 1980 in Sullanches nachwies. 28 Etappen der »Großen Schleife« hat er gewonnen, kein Franzose war er-

> »Jan Ullrich ist mein Tip für diese Tour, weil er schon vergangenes Jahr zum Schluß der stärkste Fahrer im Feld war. Außerdem wird ein deutscher Sponsor auch einen deutschen Tour-Sieger haben wollen.«
>
> BERNARD HINAULT

»Jan Ullrich ist ein großes Talent. Er kann sehr gut Zeitfahren und hat wenige Schwächen in den Bergen. Wenn er es schafft, über drei Wochen sein hohes Niveau zu halten, kann er auch eine große Rundfahrt gewinnen.«

MIGUEL INDURÁIN

folgreicher beim rollenden Nationalereignis. Als Mitarbeiter der Societe de Tour de France bleibt Bernhard Hinault dem Rennen verbunden, das er fünfmal gewann.

**Miguel Induráin,** der 1996 in Atlanta noch Olympiasieger im Zeitfahren wurde, beendete seine Karriere erst vor einem Jahr. Der baskische Bauernsohn aus Villava siegte als erster Radprofi fünfmal hintereinander bei der Tour. Aber der magische sechste Erfolg gelang auch ihm nicht. Der lange als unantastbar und unbesiegbar geltende Induráin wurde 1996 Opfer der Tempojagd des Teams Deutsche Telekom. Danach verlor Miguel Induráin die Lust an der Qual. Auch die Summe von 15 Millionen Mark Jahresgage, mit der die spanische Once-Mannschaft zum Teamwechsel lockte, konnten den Basken nicht umstimmen. Heute genießt er seine Freizeit und seine Familie.

Anquetil, Merckx, Hinault und Induráin. In der Geschichte der schwersten Radrundfahrt der Welt seit 1903 gelang es nur ihnen, die »Große Schleife« fünfmal als Sieger zu beenden. Entsprechend groß ist die Verehrung für die Helden von einst, als sie die Präsentation der Mannschaften in der Eissporthalle von Rouen eröffnen. In den nächsten drei Wochen werden sich 4000 Personen in 1500 Fahrzeugen wie eine Lawine durch Frankreich wälzen. 2000 Journalisten sind akkreditiert. 55 TV-Stationen übertragen die Tour live, 165 Länder werden berichten. Am Start sind die besten 20 Mannschaften der Welt und zwei kleine französische Teams, die eine Wildcard erhielten. Von den ersten 35 der Weltrangliste fehlen nur zwei. 600 Helfer, Pfleger und Mechaniker kümmern sich um 198 Radfahrer. Alle wollen dabei sein, wenn der große Ruhm und das viele Geld verteilt werden. Insgesamt werden 4,8 Millionen Mark als Prämien verteilt. Allein der Sieger bekommt in Paris 700.000 Mark. Der erste Sieger Maurice Garin erhielt 1903 ganze 1000 Mark.

Als neuer Anreiz wird 1997 erstmals eine Durchhalteprämie gezahlt. Wenn sieben der neun Rennfahrer eines Teams das Ziel auf dem Pariser Champs-Élysées erreichen, erhält jeder Fahrer 18000 Mark. Wenig Geld für die Strapazen, die dann hinter den Athleten liegen: 3870 Kilometer bei 21 Etappen, 53 Berge der verschiedenen Kategorien, 117 Kilometer im Einzelzeitfahren. Nackte Zahlen, die noch nichts erzählen von Kälte und Regen, Wind oder Hitze, Stürzen und Defekten. Davon will auch das Team Deutsche Telekom nichts wissen, als es zur Präsentation vor dem Start der 84. Tour de France in der Eishalle von Rouen die Bühne betritt. Lange müssen die neun Fahrer aus Deutschland, Dänemark, Österreich und Italien auf Ihren Auftritt warten. Sie sind die letzten, weil sie 1996 die ersten waren.

Vor einem Jahr benannten sie die »Große Schleife« in »Tour de Telekom« um. Fünf Etappensiege, die ersten beiden Plätze in der Gesamtwertung, das Gelbe und das Grüne Trikot – alle Betreuer und Rennfahrer werden nicht müde zu versichern, daß diese Bilanz nicht wiederholbar ist. Dabei ist das Team eher noch stärker geworden: Erik Zabel gewann den Klassiker Mailand – San Remo. Bjarne Riis das Amstel Gold Race. Kein Team war erfolgreicher bei den großen Frühjahrsrennen. Der Däne Riis läßt an seinen Plänen keinen Zweifel, den Tour-Sieg vom letzten Jahr zu wiederholen. Die internationale Presse sieht es anders. Ausgerechnet in seiner eigenen Mannschaft haben die Fachjournalisten den größten Gegner von Bjarne Riis entdeckt: Die »L'Equipe«, die große Sportzeitung Frankreichs, verteilt nur einmal fünf Sterne an ihren Tour-Favoriten. Er heißt: Jan Ullrich.

Die fünfmaligen Tour-de-France-Gewinner Bernard Hinault, Eddy Merckx und Miguel Induráin (von links) ehren Jacques Anquetil an seinem Grab. Der begnadete Zeitfahrer, der 1961 das Gelbe Trikot über alle Etappen trug und als erster Radprofi die Tour fünfmal gewann, starb 1987 im Alter von nur 53 Jahren. Der Start zum 84. Rennen in Rouen war ihm gewidmet

Die vier »Fünffachen« in Aktion: Miguel Induráin (Spanien), Eddy Merckx (Belgien) mit Reportern (oben von links), Bernard Hinault 1985 (unten links) und der unvergessene Jacques Anquetil beim Zeitfahren in Besancon 1963 (großes Bild)

»Jan Ullrich kann einer der ganz großen Rennfahrer dieses Jahrhunderts werden. Er hat alle Talente dafür. Wenn er weiter klug aufgebaut wird, kann er über Jahre die Tour de France dominieren.«

EDDY MERCKX

# Mein Tour-Tagebuch

### 4.Juli
Ich sitze im Zimmer 237 im Novotel von Rouen-Süd. Jens Heppner ist wie im vergangenen Jahr mein Zimmerkollege. Wir sortieren unsere Sachen für den Prolog. Gesprochen wird wenig am Abend, bevor meine zweite Tour de France beginnt. Ich freue mich auf sie. Aufgeregt bin ich, aber ich weiß auch, daß ich gut vorbereitet angereist bin. Sehr gut sogar. Ein Etappensieg bei der Tour de Suisse, der Deutsche Meistertitel in Bonn, der letzte Test in Freiburg – alles ist gelaufen wie geplant.

### Zum letzten Test
Eine Stunde auf dem Fahrrad-Ergometer bei zunehmender Belastung. Diesen Test habe ich voriges Jahr auch schon an der Universitäts-Klinik in Freiburg gemacht. Normalerweise quält sich so kurz vor der Tour keiner mehr freiwillig. Aber ich wollte am Ende der ganzen Vorbereitung meine Grundlagenausdauer überprüfen. Die Ergebnisse sind noch besser als vor einem Jahr. Zum Schluß habe ich drei Minuten lang 500 Watt getreten. Vielleicht kann man sich das so vorstellen: Ein Fahrrad-Ergometer ist doch vom Arzt bekannt. Da lassen sich aber höchstens 200 Watt als maximale Belastung einstellen. Sie sagen für die Experten viel über die physische Leistungsfähigkeit eines Athleten aus. Außerdem wurden dann bei mir Blutqualität und Erholungsfähigkeit getestet. Und ich kann nur sagen: alle waren zufrieden, mein Arzt Dr. Lothar Heinrich, Trainer Peter Becker und ich auch.

### Zu meiner Mannschaft
Unser Team geht sehr selbstbewußt in diese Rundfahrt. Die Ergebnisse des Frühjahrs haben uns stark gemacht, im Kopf und in den Beinen. 41 Siege, verteilt auf fast alle Fahrer der Mannschaft, so erfolgreich fuhr das Team Deutsche Telekom noch nie. Jeder von uns kann sich sicher sein, daß er was drauf hat. Auch Bjarne Riis ist in guter Form. Er hat in Dänemark zwar seinen Meistertitel an Bo Larsen verloren, aber das hatte taktische Gründe. Bjarne ist topfit, alles andere ist pure Spekulation. Wir vertrauen ihm absolut. Sonst würde ich auch gar keine 100%ige Leistung als sein Helfer bringen können. Er ist unser Kapitän und damit Schluß. Aber mir scheint sowieso keiner zu glauben in dieser Frage. Seit Monaten erzähle ich immer wieder dasselbe. Ich bin der Helfer von Bjarne, sage ich. Aber die Journalisten schreiben trotzdem was anderes. Sie tun so, als sei die Frage nach dem Telekom-Kapitän bisher nicht beantwortet. Mich scheint dabei keiner ernst zu nehmen. Ich lese diese Artikel über mich gar nicht mehr. Erstens habe ich keine Zeit, und zweitens stimmen sie oft sowieso nicht. Mich sprechen dann nur die Journalisten wegen Veröffentlichungen Ihrer Kollegen an.

### Zu den Medien
»SPORT« Zürich zählte sechs Gründe auf, warum »Jan Ullrich die Tour gewinnt«. In der »L'Equipe« bekam ich

Anstrengung und volle Konzentration stehen Vorjahressieger Bjarne Riis beim Prolog ins Gesicht geschrieben. Als letzter der insgesamt 198 Teilnehmer gestartet, reichte es nach 7,3 Kilometern nur zu Platz 13. Nomen est omen?

Walter Godefroot (links), der sportliche Leiter des Telekom-Teams, prüft zusammen mit einem Mechaniker die Verkleidung eines speziellen Karbon-Zeitfahrrades. Die »Wundermaschine« wurde jedoch von der Internationalen Radsportunion (UIC) nicht zum Prolog zugelassen, da die aerodynamische Ausbuchtung regelwidrig ist. So trat Jan Ullrich (rechts) mit seinem normalen Zeitfahrrad an – und wurde vom Favoriten Chris Boardman mit zwei Sekunden knapp geschlagen

*fünf Sterne als angeblich größter Tour-Favorit. Das ist doch alles Quatsch. Ich kann die Tour nicht gewinnen, weil ich nicht der Kapitän bin. Warum glaubt man mir das nicht? Ich denke doch überhaupt nicht an irgendwelche extremen Situationen, daß Bjarne Riis stürzt oder sich verletzt. Bernhard Hinault tippt für den Einlauf in Paris: Ullrich vor Riis und Olano. Warum so eine Übertreibung? Zwei Fahrer aus einem Team kommen nie und nimmer wieder aufs Podium. In diesem Jahr werden alle auf uns schauen. Als mich die Konkurrenz vor einem Jahr bemerkte, da war doch schon alles vorbei. Das ist nicht wiederholbar. Seitdem ich in Rouen bin, konnte ich überhaupt nicht mehr abschalten. Die ganzen Interviews habe ich gar nicht mehr gezählt. Vor einem Jahr konnte ich lockerer an die ganze Sache herangehen. Da wollte keiner was von mir wissen. Ich war entspannter im Kopf, konnte meinen Mittagsschlaf machen oder spazierengehen. Jetzt sind schon im Vorfeld der Tour die Ruhetage meist für Medientermine ausgefallen. Aber besser dieser Rummel als gar keinen Erfolg. Falls ich die Tour schlecht fahre, fragt mich jeder woran es gelegen hat. Wenn ich sage, ich mußte zuviele Interviews geben, dann glaubt mir das kein Mensch.*

### Zu meinen Zielen

*Ich habe mir vorgenommen, die Tour gut zu fahren. Bjarne ein starker Helfer zu sein und vielleicht eine Etappe zu gewinnen. Ich schaue dabei von Tag zu Tag. Drei Wochen können sehr lang werden, da kann so viel passie-*

46

ren: Stürze und Krankheiten, Wind und Regen, Kälte und Hitze. Zuerst einmal werde ich Erik Zabel auf den Flachetappen unterstützen. So ein Etappensieg bei der Tour ist doch keine Kleinigkeit. Da kommt Ruhe und Moral in die Mannschaft. Besser einen Etappensieg als gar nichts am Ende. Sieben Etappen lang haben wir Zeit, für Erik eine Massenankunft zu organisieren. In dieser Woche wird es ziemlich hektisch werden, bis dann durch die Berge in den Pyrenäen Ruhe einkehrt.

Der Prolog morgen ist nicht so wichtig. Es gibt einige Spezialisten wie Chris Boardman, aber für die Favoriten ist das nur ein sieben Kilometer langes Einrollen. Gefreut habe ich

mich, daß ich beim Prolog so früh ausgelost wurde. Die Mannschaftsleitung hat entschieden, das Bjarne Riis und ich zeitlich weit auseinander starten sollen. So könnte bei einem Wetterumschwung wenigstens einer von uns beiden auf trockener Straße fahren. Nun starte ich schon weit vor den Favoriten bei den ersten, die auf die Strecke gehen. Da kann ich meinen normalen Ablauf mit Massage und Essen beibehalten.

Morgen früh um acht gibt es Frühstück, anschließend ist Mannschaftsbesprechung, dann trainieren wir einmal auf dem Kurs in Rouen. Eine letzte Ruhepause beim Mittagsschlaf, dann geht es endlich los. So, und jetzt aber Licht aus!

Das sind die Wunderbeine des Jan U., der auf dieser Tour zum Super-Star werden sollte. Das offizielle Protokoll weist ihn nach dem Prolog bereits auf Rang zwei aus …

**COMPAQ**    **97 LE TOUR DE FRANCE**    **France Télévision** **2 3 sport**

CREDIT LYONNAIS

Classement Général                    20:11:30

05 juillet
0 Prologue Rouen                Kilomètres: 7,300                Temps 1er : 08'20"
                                                                Moyenne : 52,465

| Pos | Nom Prénom | | No | | h mn ss | Pos | Nom Prénom | | No | | h mn ss |
|---|---|---|---|---|---|---|---|---|---|---|---|
| 1 | BOARDMAN Chris | GAN | 91 | GBR | | 59 | PADRMOS Pavel | ROS | 85 | CZE | 00'28" |
| 2 | ULLRICH Jan | TEL | 8 | GER | 00'02" | 60 | ALONSO Marino | BAN | 152 | ESP | 00'29" |
| 3 | BERZIN Evgeni | BAT | 141 | RUS | 00'05" | 61 | LANCE Pascal | BIG | 217 | FRA | 00'29" |
| 4 | ROMINGER Tony | COF | 61 | SUI | 00'05" | 62 | SCIANDRI Maximilian | FDJ | 78 | GBR | 00'29" |
| 5 | ZULLE Alex | ONC | 39 | SUI | 00'05" | 63 | JAERMANN Rolf | CSO | 136 | SUI | 00'29" |
| 6 | MEINERT-NIELSEN Peter | USP | 198 | DEN | 00'07" | 64 | LUTTENBERGER Peter | RAB | 121 | AUT | 00'29" |
| 7 | SORENSEN Rolf | RAB | 128 | DEN | 00'10" | 65 | TOSATTO Matteo | MAG | 49 | ITA | 00'29" |
| 8 | OLANO Abraham | BAN | 151 | ESP | 00'10" | 66 | BORTOLAMI Gianluca | FES | 12 | ITA | 00'29" |
| 9 | BROCHARD Laurent | FES | 13 | FRA | 00'11" | 67 | CHANTEUR Pascal | CSO | 134 | FRA | 00'29" |
| 10 | MOREAU Christophe | FES | 17 | FRA | 00'12" | 68 | JONKER Patrick | RAB | 125 | NED | 00'29" |
| 11 | PERON Andrea | FDJ | 76 | ITA | 00'13" | 69 | PIEROBON Gianluca | BAT | 148 | ITA | 00'30" |
| 12 | GARMENDIA Aitor | ONC | 35 | ESP | 00'14" | 70 | REBELLIN Davide | FDJ | 77 | ITA | 00'30" |
| 13 | RIIS Bjarne | TEL | 1 | DEN | 00'15" | 71 | FINCO Carlo | MAG | 43 | ITA | 00'30" |
| 14 | BARTOLI Michele | MAG | 41 | ITA | 00'16" | 72 | BLIJLEVENS Jeroen | TVM | 102 | NED | 00'30" |
| 15 | AUS Lauri | CSO | 133 | EST | 00'16" | 73 | KIRSIPUU Jaan | CSO | 138 | EST | 00'30" |
| 16 | DEKKER Erik | RAB | 124 | NED | 00'17" | 74 | DESBIENS Laurent | COF | 63 | FRA | 00'30" |
| 17 | CAMENZIND Oscar | MAP | 22 | SUI | 00'17" | 75 | GONZALEZ Arsenio | KEL | 176 | ESP | 00'31" |
| 18 | GONTCHENKOV Alexandre | ROS | 81 | RUS | 00'17" | 76 | ODRIOZOLA Jon | BAT | 147 | ESP | 00'31" |
| 19 | BREUKINK Erik | RAB | 123 | NED | 00'18" | 77 | TAFI Andrea | MAP | 28 | ITA | 00'31" |
| 20 | ZARRABEITIA Mikel | ONC | 38 | ESP | 00'18" | 78 | FINCATO Marco | ROS | 83 | ITA | 00'32" |
| 21 | VANDENBROUCKE Franck | MAP | 29 | BEL | 00'18" | 79 | WAUTERS Marc | LOT | 169 | BEL | 00'33" |
| 22 | JALABERT Laurent | ONC | 31 | FRA | 00'18" | 80 | STEPHENS Neil | FES | 19 | AUS | 00'33" |
| 23 | CIPOLLINI Mario | SAE | 114 | ITA | 00'18" | 81 | GARCIA-ACOSTA Vicente | BAN | 157 | ESP | 00'33" |
| 24 | HEPPNER Jens | TEL | 5 | GER | 00'19" | 82 | HAMBURGER Bo | TVM | 103 | DEN | 00'34" |
| 25 | ANDREU Frankie | COF | 62 | USA | 00'19" | 83 | | BAN | 154 | | |

Mit einem urplötzlichen Panthersatz zum dritten Etappen-Sieg: Der König der Tour-Sprinter Erik Zabel (Mitte), der im Zielspurt der 8. Etappe den Italiener Minali (rechts) und den Franzosen Moncassin (links) auf die Plätze 2 und 3 verweist

Im Rennen unerbittliche Rivalen, denen fast alle Mittel zum Erfolg recht sein müssen: Mario Cipollini und Erik Zabel (links)

# Wer ist der König der Sprinter?

**S**printer sind Magier, Zocker, Wahnsinnige. Sie rasen mit Geschwindigkeiten von 75 km/h über den Asphalt, kämpfen dabei Schulter an Schulter, verbiegen ihre Räder. Sie täuschen, drängeln und schubsen. Sie suchen das Gleichgewicht zwischen Risiko, Gefahr und Erfolg. Und sie begeistern ihre Beobachter.

Wenn Erik Zabels Sohn zu Hause in Unna »Radrennen« spielt, dann schlüpft jeder seiner vier- bis sechsjährigen Freunde in die Haut eines anderen Sprinters. Rik Zabel möchte dann gerne Cipollini sein. Das bedeutet einerseits, daß im Hause Zabel anscheinend hin und wieder der Name des italienischen Supersprinters fällt, und bestätigt andererseits, daß Mario Cipollini mit seiner Show auf zwei Rädern großen Reiz auf kleine und große Radsportfans ausübt.

Die **erste Etappe** nach Forges-les-Eaux gewinnt er clever und trickreich. Erik Zabel erklärt noch am Morgen, daß man die 400 Meter lange, ansteigende Zielgerade nicht auf den ersten vier Plätzen erreichen dürfe, weil man sonst »im Wind sterben« würde. Tatsächlich gelingt es dann Mario Cipollini nach 192 Kilometern seinen Konkurrenten Zabel genau in diese ungünstige Position zu zwingen. Zabel fehlt zum Schluß die Kraft, Cipollini fehlt die Konkurrenz. Auf der Ziellinie dreht er sich jubelnd provozierend um. Höchststrafe für seine Gegner.

Die **zweite Etappe** nach Vire, mit 262 Kilomtern die längste der Tour, gewinnt Cipollini nach dem alten Sprinter-Leitspruch: »Alles kommt zu dem, der warten kann.« Am Hinterrad von Erik Zabel versteckt sich »Super-Mario« im Windschatten bis 50 Meter vor dem Ziel, dann fährt er vorbei. Etappe gewonnen, Gelbes Trikot verteidigt, Show vollendet.

»Wenn man etwas tut, muß man sich doch darauf konzentrieren«, verzweifelte Vater Cipollini, als sein lebenslustiger Sohn in San Giustode Compito in der Provinz Lucca mit dem Radsport begann. Vater Vivaldo hatte in den 40er und 50er Jahren als schlechtbezahlter Helfer von Fausto Coppi und Gino Bartali sein Geld verdient. Sein Sohn wiederum interessierte sich lange Zeit mehr für das richtige Haargel als für die richtige Gangschaltung.

> »Als ich von meiner Distanzierung im Auto hörte, gab es für mich nur zwei Möglichkeiten: Aufgeben und nach Hause fahren, oder dableiben und weiterkämpfen«
> **ERIK ZABEL**

51

Der Mann, der das besondere Outfit liebt: Auf Etappe 1, die Super-Mario gewann, fährt er im amerikanischen Look

Im »Gelben Trikot« triumphiert er tags darauf auch auf der 2. Etappe

Das änderte sich erst, als sein Bruder Cesare ihm einen Profivertrag bei Del Tongo besorgte.

Heute gehört Mario Cipollini mit 114 Siegen (Stand nach der Tour) zu den erfolgreichsten Radprofis überhaupt. Und zu den witzigsten: Als der »Blitz aus Lucca« beim Giro d'Italia 1997 das Rosa Trikot des Führenden übernahm, erschien er am nächsten Tag mit einem rosa Rennrad am Start. Als er ins Blaue Trikot für den besten Sprinter wechselte, änderte auch sein Sportgerät die Farbe. Und bei der Tour färbt sich Cipollinis rotes Rad gelb, als er die Etappen gewinnt. Später stiehlt ihm ein anderer die Show.

Die **dritte Etappe** gilt eigentlich als flach. Aber wer die letzten 2000 Meter besichtigte, bekam einen Schreck. Der Weg nach Plumelec geht mit sechs Prozent Steigung kräftig bergauf. Erik Zabel siegt trotzdem. Mit einer beeindruckenden Demonstration dominiert das Team Telekom. Bjarne Riis wird Dritter, Jan Ullrich Achter. An diesem Tag beginnt die Sprinter-Herrschaft von »König Erik«.

Am Ende der **sechsten Etappe** nach Marennes kommt es zu einem nervösen, agressiven Massenspurt. Von Finten und Wellen durcheinandergeschüttelt, torkelt das rasende Feld von einer Seite zur anderen. Erik Zabel sorgt als Sieger wieder für Champagner beim Abendbrot. »Bei 42 Saisonsiegen müssen wir langsam aufpassen, daß wir keine Alkoholiker werden. Vielleicht lassen wir den Champagner diesmal besser weg«, schränkt er schmunzelnd ein. Aber der Champagner erledigt sich von selbst.

Zabel wird wegen »Kopfstoß im Spurt« von der Jury deklassiert und auf den letzten Platz des Hauptfeldes gesetzt. 123. statt Erster. Noch härter trifft die Strafe den belgischen Meister Tom Steels. Er verlor 60 Meter vor dem Ziel bei 70 km/h die Nerven und warf mit einer Trinkflasche nach dem Franzosen Frederic Moncassin, von dem er sich behindert fühlte. Steels fährt nach Hause.

»Als ich von meiner Distanzierung im Auto hörte, gab es für mich nur zwei Möglichkeiten: Aufgeben und nach Hause fahren, oder dableiben und weiterkämpfen,« so der 27jährige Telekom-Sprinter. Erik Zabel fährt weiter. Vorher wurde er

vor der internationalen Presse zum Sprecher der »Ellbogengesellschaft« und verteidigte den Kampf an der Grenze zur Körperverletzung. »Als Sprinter kennt man seinen besten Freund nicht mehr,« hat auch Walter Godefroot, der sportliche Leiter von Erik Zabel Verständnis. Der Belgier gewann als Profi selbst mehr als 100 Rennen – die meisten im Spurt.

Auf der **siebten Etappe** nach Bordeaux hat der schnellste deutsche Radfahrer die besten Argumente gegen eine ahnungslose, betagte Jury, die ohne eigene Erfahrungen die Sprinter bestrafte: Erik Zabel gewinnt wieder, diesmal ohne Beanstandungen. Schnelligkeit, Reaktionsvermögen und taktisches Verhalten sprechen für ihn. Er behält im gefährlichen Kampf der augenblicklichen Entscheidungen einen Rest an Besonnenheit und Überlegung. Er ahnt Situationen schneller als andere und nutzt sie aus. Das macht Erik Zabel zum derzeit besten Sprinter der Welt. Trotz Mario Cipollini.

Der Italiener erreicht auch bei seiner fünften Tour nicht das Ziel in Paris. Mario Cipollini stürzt während der sechsten Etappe, er klagt über Schmerzen im Knie, die immer größer werden, je näher die Berge kommen. Am siebten Tag gibt Cipollini schließlich auf. Da fängt Zabel erst richtig an.

Die **achte Etappe** nach Pau bringt ihm das Glück des Tüchtigen. Mit einem »Tigersprung« schiebt er auf der Ziellinie sein Rad nach vorn und siegt mit Reifenbreite vor dem Italiener Nicola Minali.

Und erlebt dann seine »Tour der Leiden«, denn auf Etappe 7 nach Bordeaux muß Mario Cipollini verletzungsbedingt aufgeben. Was für Gefühle müssen ihn in jenem Moment bewegt haben, als er in den Begleitwagen seines Teams einsteigt?

53

Auch Erik Zabel kommt aus einer Rennfahrer-familie. Sein Vater Detlef war in den 50er und 60er Jahren ein geschätzter Helfer des DDR-Radsporthelden Gustav-Adolf »Täve« Schur, der 1958 und 1959 Straßen-Weltmeister der Amateure war und zweimal die Friedensfahrt als Sieger beendete. Zabel erfüllte sich in diesem Jahr gleich mehrere Wünsche: Er gewann im Februar bei der Ruta del Sol seine erste Profi-Rundfahrt und im März seinen ersten Frühjahrsklassiker beim Rennen Mailand–San Remo. Mit Freudentränen überströmt reagierte Zabel in San Remo auf die Erfüllung dieses Traums. Bei der Tour de France könnte das Glücksgefühl des Siegers fast zur Gewöhnung werden.

Lockerheit vor dem Start, Hauptdarsteller Erik Zabel. In der ersten Momentaufnahme probiert er sich eben mal als Dudelsackspieler, um in der zweiten Momentaufnahme schnell mal ein großes Gemälde, natürlich per Rad, zu transportieren. Aber Geschenke erhalten ja bekanntlich die Freundschaft…

Rik Zabel hat seinen Papa bei der Tour besucht. Als Erik Etappensieger wurde, hat er seinen Sohn mit aufs Podest genommen. Rik durfte den großen Blumenstrauß tragen. Vielleicht möchte er nun doch lieber »Sprinter Zabel« sein, wenn es mit seinen kleinen Freunden in Unna zum »Radrennen« geht …

Dieses war der zweite Zabel-Streich. Im Sprint gewinnt er die 7. Etappe vor dem Esten Jaan Kirsipuu und dem Niederländer Jeroen Blijlevens (von links).
Einfach »zabel«-haft!

Auf den Flachetappen ein durchaus gewohntes Bild: im Schlepptau von »Lokomotive« Jan Ullrich der »Grüne« Erik Zabel

Team Deutsche Telekom demonstriert Stärke…

# Mein Tour-Tagebuch

### 5. Juli (Prolog in Rouen über 7,3 km)

*Schade! Zwei Sekunden am Gelben Trikot vorbei.*

*Der ganze Rummel war schon gewaltig. Ich habe mich außerhalb der Stadt warmgefahren. Dann ging ich noch auf die Rolle. Da hieß es dann von den Fotografen nur noch: »Jan, guck mal hierhin, guck mal dahin.« Ich war froh, als ich endlich auf die Rampe zum Start durfte. Rolf Aldag fuhr als Erster von uns und warnte mich vor dem Kurs. Deshalb bin ich die ersten drei Kilometer bergauf nur so 95 Prozent gefahren.*

*Es ist gut gelaufen. Im Ziel hatte ich die Bestzeit, aber ich habe mir gedacht, die Favoriten kommen ja noch. Ich binn dann mit dem Rad die zehn Kilometer ins Hotel ausgerollt, habe mich massieren lassen und mir dabei die Fernsehübertragung angesehen. Zülle, Berzin, Olano, Riis – meine Bestzeit blieb stehen. Da rief schon unser Pressesprecher Mathias Wieland an, daß ich wieder nach Rouen zur Siegerehrung kommen solle. Es fehlte nur noch Chris Boardman, der große Favorit und Prolog-Spezialist. 1,82 Sekunden war er schneller. Das ist schon ärgerlich, wenn man so dicht dran ist. Einmal im Gelben Trikot bei der Tour – das wäre die Erfüllung eines Traums.*

### 6. Juli (Rouen – Forges-les-Eaux über 192 km)

*Keine Spur von ruhigem Einrollen. Die Tour beginnt wild und nervös. Elf Kilometer vor dem Ziel höre ich es krachen. Auf der Straße liegt ein Knäuel*

*von Fahrern und Rädern. Ich denke nur, ein Glück, daß du nicht dabei bist. Fünf Kilometer später sagt mir dann Jens Heppner, daß Bjarne Riis auch gestürzt ist. Er verliert 50 Sekunden. Keiner seiner Helfer ist an seiner Seite. Die Funkverbindung zwischen unserem Mannschaftswagen und Udo Bölts ist zusammengebrochen, wir erfahren vorne viel zu spät von seinem Rückstand.*

*Im Ziel ist Bjarne stinksauer und schimpft. Abends setzen wir uns alle noch einmal zusammen. Inzwischen hat sich auch Bjarne wieder abgeregt. Die Besprechung dauert nur fünf Minuten. Man kann doch jetzt den Kopf nicht hängen lassen, sage ich. Man muß denken: Zum Glück war es nur eine Minute. Zum Glück hat er sich nichts gebrochen. Und wenn Bjarne so fährt wie im letzten Jahr, holt er den Rückstand spielend wieder auf.*

### 7. Juli (Saint-Valery-en-Caux – Vire über 262 km)

*262 Kilometer – die längste Etappe. Da geht es immer langsam los. Auf so* einem »Kanten« will keiner früh attackieren. Jeder wartet erst einmal, und das Tempo pendelt sich so bei 32 km/h ein. Ein Tritt, noch ein Tritt und noch einer. Nichts geht vorbei. Nach drei Stunden denkst du, oh Gott, noch 160 Kilometer. Wie lange soll ich denn heute noch auf diesem Rad sitzen? Die Menschenmassen am Rande nimmt man dann schon wahr. Da guckt man mal in die Landschaft und schaut sich die Leute an. Das ist nicht ungefährlich. Denn viele Zuschauer rennen auf die Straße, um zu fotografieren oder ihren Lieblingsfahrer zu grüßen.

Ich freue mich über das warme Wetter. Ich habe sogar einen kleinen Sonnenbrand, weil wir in den letzten Wochen kaum die Sonne gesehen haben. Auf Sonnencreme oder ähnliches verzichte ich trotzdem, weil sie nur die Hautporen verklebt und dadurch lästig wird. Im Finale, wenn das rote Band die letzten 25 Kilometer ankündigt, wird das Tempo immer höher. Mir macht es sowieso viel mehr Spaß, wenn schnell gefahren wird. Auch wenn es diesmal am Ende keinen Grund zur Freude gibt. Erik hat zum zweiten Mal gegen Cipollini verloren. Es gab trotzdem Champagner von der Teamleitung, weil Erik Geburtstag hat.

### 8. Juli (Vire – Plumelec über 217 km)

Heute schon wieder Champagner, aber diesmal wirklich für einen Etappensieg. Das Finale lief genau wie von uns geplant: Bei der Mannschaftssitzung am Morgen hatte Bjarne Riis angekündigt, daß er sich testen wolle. Also gingen wir mit drei Spitzen in

den letzten Berg: Zabel, Riis und Ullrich. »Ete« gab uns ein Zeichen, daß er »gute Beine« habe. Daß Erik gut die kleinen Berge raufkommt, wußte ich schon. Daß er aber so überlegen gewinnen kann, hätte ich ihm nicht zugetraut. Wahrscheinlich ist der Junge besser als ich dachte.

Abends im Fernsehen habe ich gesehen, was mit Tony Romminger passiert ist. Er stürzte elf Kilometer vor dem Ziel, brach sich das Schlüsselbein und gab das Rennen auf. So ein Ende wünscht man seinem ärgsten Gegner nicht. Tony hat ein besseres Karriereende verdient. Der Sturz geschah an einer Stelle, vor der wir gewarnt waren. Rudy Pevenage, einer unserer sportlichen Leiter informierte zwei unserer Leute per Sprechfunk über die gefährlichsten Stellen. Deshalb fuhren

Verpflegung fassen ist angesagt. Erik Zabel (Zweiter von vorn) hat seinen Helfer ausgemacht und sofort den richtigen Griff

57

Welches Geräusch wird hier wohl eingefangen?

Schon werden wieder die Beutel bei Team Telekom gepackt: die richtigen Flaschen aus der Tiefkühlbox in die richtigen Taschen…

wir so weit vorne. Das kostet zwar mehr Kraft, verringert aber die Sturzgefahr.

### 9. Juli (Plumelec – Le Puy du Fou über 225 km)

*Heute wollten wir das »Gelbe« für Erik erobern. Aber Cipollini hat gut aufgepaßt und Glück gehabt. Alle sind immer noch nervös im Feld. Das ist ein Gedrängel wie bei keinem anderen Radrennen. Bei den Rundfahrten im Frühjahr, die oft als Trainingseinheit genutzt werden, fahre ich manchmal ganz ruhig an 150. Stelle. Das ist hier gar nicht möglich. Alle wollen vorne dabei sein. Da gibt es dann ein Geschiebe und Geschubse, ständig gefährliche Passagen. Bisher habe ich immer Glück gehabt.*

*Erik Zabel ist unser Mann der Woche. Seine Familie ist heute abgereist, die hat ihn natürlich zusätzlich motiviert. Meine Freundin Gaby kommt zur Etappe nach Colmar und – wenn sie von der Arbeit freigestellt wird – nach Fribourg in die Schweiz. Wir telefonieren jeden Tag. Meine Mutter hat mich auch schon zweimal angerufen. Zu Hause sind sie zufrieden, wie die Tour für mich angefangen hat.*

### 10. Juli (Chantonnay – La Chatre über 257 km)

*Wieder so ein langer »Kanten«. Da ist das Essen besonders wichtig. Fängt schon beim Frühstück an. Manche essen Nudeln, andere Reis. Ich nehme Müsli, viel Müsli mit Sojamilch. Mir schmeckt das. Unterwegs achte ich dann auf möglichst viele kleine Portionen: mit Schinken und Marmelade ge-*

*füllte Brötchen, Energieriegel und Getränke. Man darf auf keinen Fall den Fehler machen und zu wenig essen. Wenn der Hunger sich erst einmal meldet, ist es schon zu spät. Dann dauert es nämlich viel zu lange, bis die aufgenommene Nahrung im Körper zündet, also wieder Energie freisetzt. Im Rennen haben wir uns heute zum ersten Mal ruhig verhalten. Bei der morgendlichen Besprechung hat Erik Zabel das selbst vorgeschlagen. Wir waren natürlich einverstanden. Kaum fahren wir nicht, halten sich die anderen auch zurück. Das Glück traf den Franzosen Cedric Vasseur, der für 147 Kilometer Alleingang belohnt wurde. Wer sich so lange alleine im Wind abquält, hat das Gelbe Trikot auch verdient.*

### 11. Juli (Le Blanc – Marennes über 216 km)

*Der Tag auf dem Rad beginnt ganz gemütlich. In der ersten Stunde schaffen wir nur 28 Kilometer. Da kann jeder halbwegs trainierte Hobbyfahrer mithalten. Dann bin ich immer ganz zufrieden, wenn ich einen zum Quatschen finde. Meistens sind das Fahrer*

aus dem eigenen Team, aber auch andere wie Chris Boardman, mit dem ich mich gut verstehe.

Die Etappe endet total ungemütlich. Diese Catcherei habe ich schon einige Kilometer vor dem Ziel kommen gespürt. Bloß raushalten, dachte ich. Nach dem Spurt wurde Erik Zabel dann wegen unfairer Fahrweise deklassiert. Ich habe mir das im Fernsehen angesehen, und ich finde die Entscheidung ungerecht. Dann hätten sie fünf andere Sprinter auch deklassieren müssen. Erik ist für uns der Sieger. Die Teamleitung sieht es auch so und hat im Hotel trotzdem Champagner spendiert.

### 12. Juli (Marennes – Bordeaux über 190 km)

»Ete« hat die richtige Antwort gegeben. Für mich ist er der beste Sprinter der Welt. Das nicht nur, weil Cipollini wieder aufgegeben hat und nicht über die Berge fährt. Erik Zabel hat das Grüne Trikot erobert, was gar nicht unser vordergründiges Ziel war. Jetzt kann er es auch bis Paris tragen, weil er von den Sprintern am besten über die Berge kommt.

Ein anderer Supersprinter hat sich heute verabschiedet: Dshamolidin Abdushaparow war gedopt. Ich verstehe das nicht. Der Mann hat neun Tour-de-France-Etappen gewonnen und seit Jahren einen guten Ruf. Jetzt ist er blamiert. Jüngeren Rennfahrern hätte ich das zugetraut, aber doch nicht so einem erfahrenen Profi. Am meisten stört mich, daß Abdu damit wieder dem Ruf des Radsports schadet. Ich weiß doch jetzt schon, daß nun wieder behauptet werden wird, im Radsport würden alle dopen. Man kann in keinen Kollegen hineigucken, aber für mich gebe ich mein Ehrenwort: Ich bin sauber!

### 13. Juli (Sauternes – Pau über 165 km)

Der Held des Tages ist für mich mein Zimmerkumpel Jens Heppner. Gestern ist ihm ein Hund ins Rad gelaufen. »Heppe« hat eine Gehirnerschütterung und eine Prellung der Hüfte. Einen Tag davor hat er sich bei einem anderen Sturz schon einen Kapselriß im rechten Ringfinger zugezogen. Er war den ganzen Abend im Krankenhaus und hat heute trotz der Schmerzen durchgehalten. Jens ist härter, als viele denken.

Erik hat wieder gewonnen. Jetzt haben wir drei Etappensiege, zwei zweite Plätze durch Erik und mich beim Prolog und zwei dritte – wer mehr verlangt, hat keine Ahnung. Trotzdem bin ich heute abend angespannt. Morgen geht es zum ersten Mal in die Berge. Erst dort werde ich wissen, ob ich wirklich »gute Beine« habe.

Und dann gibt's aus dem Telekom-Begleitwagen Powerdrinks für Power-Männer

Hat gut Lachen: der »dreifache« Zabel, den nun die Berge rufen

MERCREDI 16 JUILLET 1997 · LE QUOTIDIEN DU SPO

# VOILÀ

Jan Ullrich, en remportant seul,
en haut d'Andorre, une étape
dantesque de près de huit heures,
a posé sa poigne sur le Tour.
A-t-il gagné l'épreuve ?
Non, mais Virenque,
bon deuxième à 2'58'',
et Riis, quatrième à 4'53''
ont mesuré la colossale
puissance de l'Allemand.
(Pages 2 à 9)

Nicht nur in der franzö-
sischen Sportzeitung
»L'Équipe« sorgte der
neue Träger des Gelben
Trikots für Schlagzeilen

UIPE

L'AUTOMOBILE ★ 52ᵉ ANNÉE — Nº 15 921 — **4,90 F**

ESCRIME

# Srecki en or

Superbe exploit de l'épéiste français
qui, au Cap, conserve son titre mondial,
battant le Russe Kolobkov.
Robert Leroux excellent troisième.
**(Page 11)**

# E PATRON !

Jan Ullrichs Verpfle-
gungsration für eine
Tour-Etappe – unglaub-
lich, aber wahr!

»Der neue Riese ... Er
ist erst 23 Jahre alt,
aber er hat bereits al-
le seine Gegner ge-
schafft. Seine Kraft
und seinen Mut hat
er in einer ostdeut-
schen Schule in Ber-
lin erworben. Aber
sein Haupttalent liegt
woanders: in seiner
Ausgeglichenheit,
dem Geheimnis sei-
nes Erfolgs.«

**L'EQUIPE**

62

# Wer ist der Kapitän beim Team Telekom?

Der Kapitän ist die zentrale Figur in einem Rad-Profiteam. Er bespricht mit dem sportlichen Leiter die Taktik, er schickt seine Helfer ins Rennen, er soll die Arbeit der Mannschaft erfolgreich vollenden. Der Kapitän hat die meiste Verantwortung, die meiste Aufmerksamkeit, das meiste Geld. Er kann seine Domestiken bis zur absoluten Erschöpfung für sich schuften lassen. Er muß aber auch erfolgreich sein, damit er unumstritten bleibt. Denn es kann nur einen geben – zwei Kapitäne in einer Mannschaft sind einer zuviel. Die Geschichte des Radsports kennt verschiedene Varianten, wie um die Kapitänsrolle gekämpft wurde.

## Bernard Hinault und Greg LeMond
## oder Die Kraft des Geldes

Viermal hatte der Franzose Bernard Hinault die Tour de France schon gewonnen, als er sie 1984 gegen den jungen Laurent Fignon verlor. Der Philosoph unter den Radprofis gewann alle drei Zeitfahren in Le Mans, La Ruchere und Villefranche-sur-Saone und zwei schwere Bergetappen nach La Plagne und Crans Montana. Hinault hatte in Paris demütigende zehn Minuten und 32 Sekunden Rückstand auf Fignon. Die Situation schien aussichtslos, nach Anquetil und Merckx auch die fünfte »Schleife« zu gewinnen. Zumal mit Greg LeMond ein weiterer junger Wilder aufs Podium fuhr.

Dann betrat Bernard Tapie die Radsport-Bühne, der später als Bürgermeister von Marseille, Fußball-Präsident von Olympique Marseille und vor allem als Bankrotteur weltbekannt werden sollte – die diesjährige Tour de France verfolgt der »Schneider von Frankreich« im Gefängnis. Tapie gründete 1985 die Sportgruppe »La Vie Claire« und verpflichtete den alten Haudegen

Anfang der 80er Jahre ein ganz normales Bild: Bernard Hinault im begehrten »Maillot Jaune«. Doch wo ist sein »Schatten« Greg LeMond (links)?

»Ullrich wacht in Andorra auf. Der strapazenreichste Etappensieg und das Gelbe Trikot: Der junge Deutsche hat sich gestern als der große Favorit der Tour de France bestätigt. Nach dieser Nummer weiß man nicht mehr, wer ihn schlagen könnte.«

LIBERATION

Pedro Delgado, der die Tour '88 mit Hilfe umstrittener »chemischer Unterstützung« – heute sagt man dazu schlicht Doping – und dank der Hilfe seines »Edel-Domestiken« Miguel Induráin gewann

Bernard Hinault sowie den jungen Draufgänger Greg LeMond. Das mußte schiefgehen. Die Tour wurde zum mannschaftsinternen Psychokrieg. Hinault gewann den Prolog in Plumelec und das Zeitfahren in Strasbourg, LeMond war beim zweiten Zeitfahren am Lac de Vassiviere der Beste. Er provozierte seinen Kapitän mit übertriebener Lässigkeit, kam zu spät zum Start oder griff im Rennen an. Bis Geldgeber Tapie erschien und mit beiden Streithähnen im Mannschaftswohnwagen verschwand. Seitdem gibt es zwei Meinungen: Die einen behaupten, Hinault hätte stur auf seiner Kapitänsrolle beharrt, um LeMond ein Jahr später zum ersten Tour-Sieg zu verhelfen. Die anderen meinen, daß der Konflikt ganz profan mit einem Bündel Geldscheine geklärt wurde.

Bernard Hinault gewann in Paris mit 1:42 Minuten Vorsprung vor LeMond. Ein Jahr später erreichen beide Teamkollegen die Bergankunft in Alpe d'Huez vor allen anderen. LeMond läßt Hinault ein letztes Mal den Vortritt, schenkt ihm den Etappensieg, übernimmt aber das Gelbe Trikot. Der Generationswechsel ist vollzogen. Der Franzose gewinnt zwar beide Zeitfahren in Nantes und St. Etienne, aber nicht seine sechste Tour. Sieger in Paris wird erstmals ein US-Amerikaner, er heißt Greg LeMond und hat nach einem Etappensieg in Superbagneres 3:10 Minuten Vorsprung.

## Pedro Delgado und Miguel Induráin
### oder **Die Kraft der Ruhe**

Weniger dramatisch lief der Konflikt der Generationen im spanischen Banesto-Team ab, das Ende der 80er Jahre mit seinem sportlichen Leiter Jose-Miguel Echavarri zur erfolgreichsten Tour-Mannschaft wurde. Kapitän war zunächst Pedro Delgado, der 1987 die Tour nur mit 40 Sekunden gegen den Iren Stephen Roche verlor. Ein Jahr später versuchte Delgado es wieder – mit einem jungen bärenstarken Helfer an seiner Seite. Sein Name: Miguel Induráin.

Wenn Induráin den Auftrag erhielt, Tempo zu machen und sich vor das Feld spannte, hatte selbst sein Kapitän Mühe ihm zu folgen. Teamchef Echavarri gibt heute zu, daß beide Fahrer auf annähernd gleichem Niveau fuhren. Aber er hatte für den damals 23jährigen Induráin einen ruhigen, behutsamen Aufbau geplant. Der nüchterne baskische Bauernsohn hatte sich damit abgefunden und füllte seine Rolle perfekt aus. Nie wurde Protest von ihm laut. Selbstlos verhalf er Delgado 1988 zum Tour-Sieg, der nach einem Zeitfahr-Erfolg in Villard-de-Lans am Ende 7:10 Minuten Vorsprung vor dem Niederländer Rooks hatte.

Die Situation im Banesto-Team spitzte sich in den nächsten Jahren zu: Delgado, 1988 schon doping-verdächtigt, war kein Siegertyp mehr. 1990 wurde »Perico« Vierter, ohne Chancen gegen Greg LeMond, der seine dritte Tour gewann. Miguel Induráin erreichte Paris als Zehnter, obwohl er sich in Helfers-diensten aufgeopfert hatte. Bei der Pyrenäen-Ankunft in Luz Ardiden hatte er eine Klasse aufblitzen las-sen, die Delgado nicht mehr besaß.

Ein Jahr später erschien Banesto mit dem neuen Kapitän Miguel In-duráin und dem neuen Edeldomestiken Pedro Delgado. Die neuen Kräfte-verhältnisse akzeptierend, verhalf der Tour-Sieger von 1988 seinem Nachfolger zu mehreren Triumphen. Heute arbeiten die beiden wieder zusammen – beim spanischen Fernsehen.

Von der »Leibgarde des Champions« zum fünf-maligen Toursieger – welch eine Karriere für Miguel Induráin, dem erfolgreichsten spani-schen Straßenfahrer al-ler Zeiten

## Bjarne Riis und Jan Ullrich
### oder Die Kraft der Vernunft

Der erste dänische Toursieger aller Zeiten hat an seiner Kapitänsrolle im Team Deutsche Telekom nie einen Zweifel gelassen. Bis er die bessere Form von Jan Ullrich in den Pyrenäen akzeptierte. Der »Prinz« wurde zum »Kö-nig«, nicht für die Ewigkeit, aber es reichte für Jan Ullrich, um auf dem Weg nach Andorra ins Gelbe Trikot zu stürmen. Darauf hatte er einen Tag zuvor noch verzichtet. Eine neue Qualität in diesem Rollenspiel. Denn obwohl LeMond und Induráin viel-leicht stärker wurden als ihre Kapitä-ne, in die Situation, auf das begehr-teste Trikot des Radsports verzichten zu müssen, waren sie bei ihren Hel-fersdiensten nie gekommen.

Ein Duo Infernale, daß während der Tour '97 prächtig harmonierte: Jan Ullrich (rechts) und Bjarne Riis relaxen noch ein bißchen vor dem Start zur ersten Berg-etappe im Telekom-Mannschaftswagen

# Deutsche im Gelben Trikot

Kurt Stöpel (1932 – 1 Tag)

Erich Bautz (1937 – 4 Tage)

Rolf Wolfshohl (1968 – 2 Tage)

66

Willy Oberbeck (1938 – 1 Tag)

Karl-Heinz Kunde
(1966 – 4 Tage)

Rudi Altig (1962 bis 1969 – 19 Tage)

Dietrich Thurau (1977 – 15 Tage)

Klaus-Peter Thaler (1978 – 2 Tage)

| Rekorddauer im Gelben Trikot | |
|---|---|
| Eddy Merckx (Belgien) | 96 Tage |
| Bernard Hinault (Frankreich) | 78 Tage |
| Miguel Induráin (Spanien) | 70 Tage |
| Jacques Anquetil (Frankreich) | 51 Tage |

# Mein Tour-Tagebuch

### 14. Juli (Pau – Loudenvielle über 178 km)

*9 Uhr: Mannschaftssitzung. Walter Godefroot legt die Taktik für die erste Bergetappe fest. Heute ist in Frankreich Nationalfeiertag. Da rechnen wir mit Angriffen der Franzosen. Ich soll auf sie aufpassen, in der Nähe von Bjarne Riis bleiben und am letzten Anstieg das Tempo verschärfen. Für mich gibt es keine Frage, daß ich diese taktische Aufgabe erfüllen werde. Unser sportlicher Leiter hatte recht. Das Festina-Team greift gleich mit fünf Fahrern an. Am Tourmalet, dem ersten Berg der höchsten Kategorie, versucht Richard Virenque dreimal wegzukommen. Ich fahre jedesmal wieder zu ihm hin und spüre zwei Dinge: Ich selbst habe »gute Beine«, aber unser Kapitän bekommt Probleme. Mit großem Kraftaufwand kämpft sich Bjarne Riis wieder heran. Wir reden kurz miteinander und ändern nichts an unserer Taktik. Im Moment können wir sowieso nur reagieren. Festina fährt sehr stark.*

*Der letzte Berg, der Col de Val Louron, ist zwar »nur« 1500 Meter hoch, aber empfindlich steil. Wieder erhöhen die Franzosen das Tempo. Ich folge ihnen und blicke mich um: Bjarne fehlt. Ich bleibe bei Virenque, der mich auffordert, Tempo zu machen. Er weiß, daß ich ins Gelbe fahren und er Bjarne Riis überholen könnte. Doch ich halte mich zurück. Meinen Kapitän greife ich nicht an, dabei bleibe ich. Ich habe auch keine Ahnung, wie weit Cedric Vasseur im Gelben Trikot hinter uns liegt.*

*Im Ziel bin ich glücklich, wie die Etappe gelaufen ist. Brochard hat verdient gewonnen, ich hatte nur wenig Zeit eingebüßt. Dann kommt unser Pressesprecher Mathias Wieland zu mir und sagt:»Du mußt vorkommen zur Siegerehrung, du hast das Gelbe.« Ich war vielleicht aufgeregt und dachte, jetzt habe ich es für einen Tag, ist das schön. Aber vorne angekommen sagten sie mir, daß dreizehn Sekunden fehlten. Da war ich schon traurig. Das Gelbe Trikot möchte natürlich jeder.*

## 9. ETAPPE

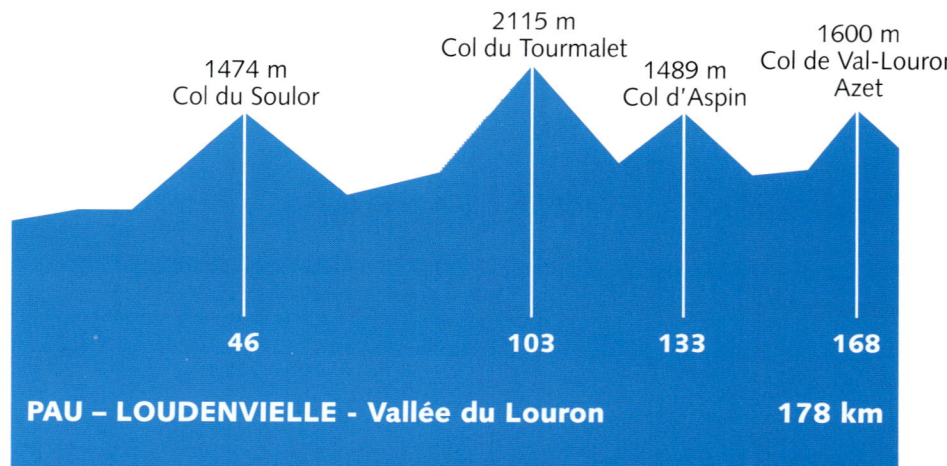

2115 m
Col du Tourmalet

1600 m
Col de Val-Louron
Azet

1474 m
Col du Soulor

1489 m
Col d'Aspin

46        103        133        168

**PAU – LOUDENVIELLE - Vallée du Louron**        **178 km**

Gemeinsam nimmt das Feld auf der 10. Etappe in den Pyrenäen zwischen Luchon und Andorra einen Anstieg: der Franzose Richard Virenque (Mitte) vom Festina-Team, unter anderen gefolgt von den Aktiven des Teams Deutsche Telekom Erik Zabel (links), der im Grünen Trikot des besten Sprinters fährt, und Jan Ullrich (rechts), der mit einem Solo-Ritt für eine Sensation sorgen wird …

### 15. Juli (Luchon – Andorra-Arcalis über 242 km)

*Vor diesem Tag hatte ich den größten Respekt: Sechs Berge und nach 230 Kilometern beginnt ein mörderischer Anstieg hinauf nach Andorra in die Höhe von 2200 Metern. Wir sind in einer Spitzengruppe, als acht Kilometer vor dem Ziel Bjarne Riis zu mir kommt und sagt:»Wenn du dich stark genug fühlst, fahr los!« Ich versuche mein Glück.*

*Jeder Tritt tut weh, ich fahre von unten bis oben am Limit. Zum Glück habe ich unten noch eine Flasche Wasser bekommen. Das war Rettung in letzter Not. Fünf Kilometer vor dem Ziel nehme ich den letzten Schluck und werfe die Pulle weg. Walter Godefroot kommt im Begleitwagen zu mir und ruft: »Nicht nach hinten gucken, du siehst sowieso nichts wegen der Autos.« Wenn die anderen näher kommen, wollte Walter hupen.*

*Als ich den roten Lappen für die letzten 1000 Meter sehe, denke ich: Es ist noch so weit! Noch einen Kilometer quälen, aber dann hast du es geschafft. Motiviert war ich durch die Zeitabstände zu Pantani und Virenque. Erst 20 Sekunden, dann 30, 40, 50 – die habe ich immer auf der Tafel*

## 10. ETAPPE

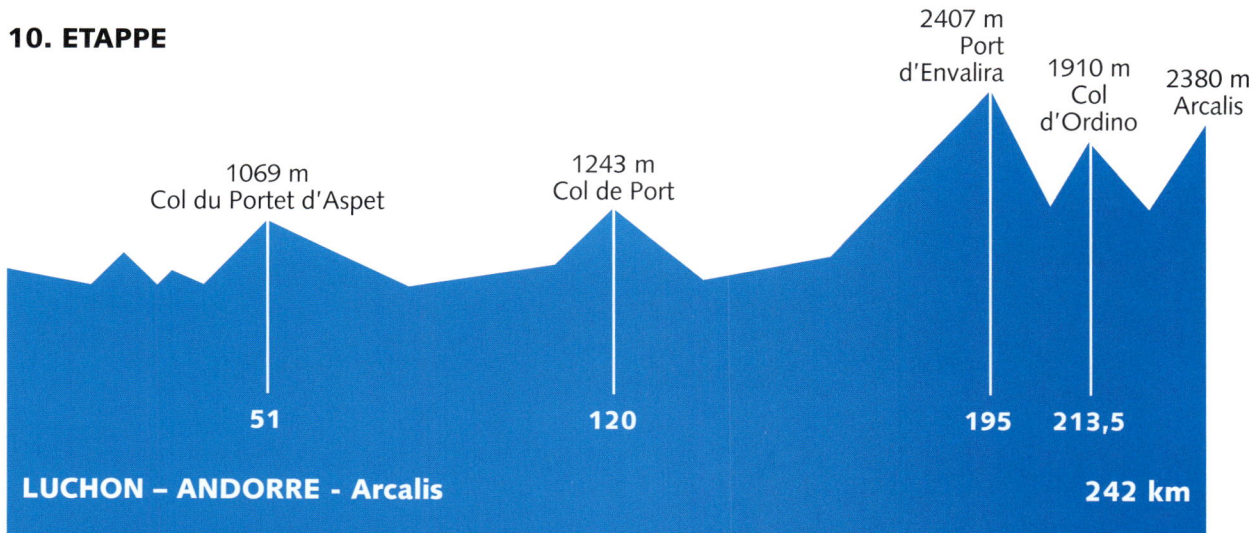

2407 m
Port d'Envalira

1910 m
Col d'Ordino

2380 m
Arcalis

1069 m
Col du Portet d'Aspet

1243 m
Col de Port

51

120

195   213,5

**LUCHON – ANDORRE - Arcalis**

**242 km**

des Zeitnehmers auf dem Motorrad gelesen. Ein Kilometer dauert noch drei bis dreieinhalb Minuten, das ist lange am Berg. Oben kam auch noch richtig Wind auf. Genießen kann man so eine Solofahrt nicht. Du kommst total erschöpft ins Ziel, mit 200 rast der Puls. Du hast Laktat in den Beinen, bist groggy und kaputt. Auf dem Siegerpodest habe ich dann zum ersten Mal geschnallt, daß ich da gewonnen habe. Als Erster kam Bjarne zu mir und sagte:»Super, du hast ver-

folgt und war natürlich glücklich. Ich bin kaputt. Die Beine tun beim Treppensteigen weh. Ich bin sehr müde und es ist schon wieder so spät.

### 16. Juli (Andorra – Perpignan über 192 km)

Mein erster Tag in Gelb. Vor Glückwünschen kann man sich nicht verstecken. Im Hotel in Andorra erreichte mich schon ein ganzer Stapel Telegramme. Beim besten Willen: Ich konnte nicht alle lesen. Dann zum ersten Mal im Gelben Trikot zum Start. Die Zuschauer, die Fotografen, die Veranstalter – der ganze Trubel ist kaum auszuhalten. Ich dachte, wenn ich erst auf dem Rad sitze, werde ich mein Gelbes Trikot schon genießen können. Irrtum! Auch zu Beginn des Rennens kamen immer wieder Fahrer zu mir und gratulierten zum Etappensieg. Ich gebe zu, daß es ein schönes Gefühl ist, wenn die Kollegen meine Leistung so achten. Aber für Glückwünsche zum Tour-Sieg ist es nun wirklich noch viel zu früh. Der Weg nach Paris ist noch so weit und schwer.

dient gewonnen!« Für die nächsten Tage versprach mir der Tour-de-France-Sieger von 1996 seine Hilfe. Das hat mich tief beeindruckt.
Seitdem hatte ich keinen Augenblick Ruhe. Selbst bei der Massage nicht, weil ich mit meiner Familie telefoniert habe, mit meiner Mutter in Rostock und mit meinen Brüdern. Ich habe sie selbst angerufen, wollte die Stimmen der Menschen hören, die mir am nächsten stehen. Auch Gaby hat die Etappe zu Hause im Fernsehen ver-

Während des Rennens war ich dann so konzentriert, daß ich das Gelbe Trikot gar nicht gespürt habe. Als es am nächsten Berg einen Angriff gab, habe ich die Sache selbst geklärt und bin sofort hinterher gefahren. Danach war eigentlich Ruhe. Im Ziel dann Siegerehrung, Trikotübergabe, Interwies. Danach fliegen wir in zwei Sondermaschinen von Perpignan nach St. Etienne. Morgen ist Ruhetag. Ich wünsche mir nur eins: Das dieser Tag seinem Namen gerecht wird...

# Der Tag, der alles veränderte ...

**Am 15. Juli 1997 um 17:31 Uhr schlüp**

**t der Jüngling mit dem »Engelsgesicht« ...**

»Ullrich der Erste ist neuer König der Tour. Ein Phänomen am Gipfel der Tour. Jan Ullrich hat auf den Anstieg nach Andorra-Arcalis im Finale ein Festival gefeiert. Das Ergebnis: Der Etappensieg und das Gelbe Trikot.«

LE PARISIEN

## ... ins Gelbe Trikot und genieß

**liesen Triumph zurecht!**

»Ein Kronprinz muß mal König werden!« so Telekom-Teamchef Walter Godefroot über seine neue Nummer 1. Und Jan Ullrich rechtfertigte dieses Vertrauen beim schweren Bergzeitfahren in St. Etienne mit sensationeller Überlegenheit

Ein historischer Moment: Jan Ullrich überholt im Kampf gegen die Uhr auf dem letzten Teilstück der Strecke den drei Minuten vor ihm gestarteten Franzosen Richard Virenque

# Wer sind die Favoriten?

**D**ie Faszination der Tour de France – selten war sie so groß wie in diesem Jahr. Von den ersten 35 der Weltrangliste sind 33 am Start. Von den Rennfahrern, die eine dreiwöchige Rundfahrt gut überstehen können, fehlen nur der Russe Pawel Tonkow, Sieger des Giro d'Italia 1996, und der Lette Pjotr Ugrijumow, Zweiter der Tour de France 1994. Alle anderen Favoriten gingen in Rouen an den Start. Nur wenige hatten zehn Tage später in St. Etienne noch eine Chance.

## Die Ausgeschiedenen

**Tony Rominger** lag elf Kilometer vor dem Ziel der 3. Etappe in Plumelec auf dem Asphalt. Er konnte nichts für den Sturz. Blut lief seinen Arm herunter, das Schlüsselbein war gebrochen, sein Helm hatte schwere Kopfverletzungen verhindert. Der Schweizer fuhr nach Hause. »Die Tour liebt mich nicht«, kommentierte der dreimalige Spanien-Rundfahrt-Sieger und Gewinner des Giro d'Italia von 1995 sein Pech. Dabei hatte er sich so hart vorbereitet wie nie. Im Winter schuftete er übereifrig im Kraftraum, so daß er mit zu viel Muskelmasse in das Frühjahr ging. Mit gnadenlosen Diäten versuchte der durchtrainierte Athlet dann »abzuspecken«. Es half nichts. Als Jan Ullrich das Gelbe Trikot eroberte, begann in der Schweiz Tony Rominger gerade mit leichtem Training auf seinem Hometrainer.

**Alex Zülle** war bei der Tour de France von seltenem Sturzpech verfolgt. Nach einem Schlüsselbeinbruch bei der Tour de Suisse im Juni kam der Schweizer ohnehin notdürftig »zusammengeflickt« zum schwersten Radrennen der Welt. Dreimal ist Zülle dann gestürzt. Immer wieder auf die gleiche Stelle. Nur Pech? Zülle ist stark kurzsichtig und trägt auch im Rennen eine Brille. Seine spanische Mannschaft Once hat ihm bereits angeboten, eine Laseroperation der Augen zu finanzieren. Alex Zülle hat abgelehnt – und stürzt weiter...

Auch **Jewgeni Berzin** ist beim Zeitfahren nicht mehr dabei. Vor einem Jahr gewann er bei der Tour '96 noch das schwere Bergzeitfahren nach Val

Einer der tragischen Tour-Helden: Tony Rominger, den ein Schlüsselbeinbruch zum Aufgeben zwingt. Zum Jahresende hat der sympathische Schweizer sein Karriereende angekündigt

d'Isere über 35 Kilometer und fuhr ins Gelbe Trikot, um dann ohne Erklärung auszuscheiden. Diesmal hatte er eine: Der Russe aus Wyborg brach sich bei einem Sturz das Schlüsselbein. So konnte Berzin seinen Ruf als eines der größten Radsporttalente der 90er Jahre wieder nicht bestätigen. Ihm bleibt der Erfolg früherer Tage, als er beim Giro d'Italia 1994 den Spanier Miguel Induráin in Grund und Boden fuhr.

Schließlich fehlte auch der Italiener **Ivan Gotti.** Er überraschte im Juni mit seinem Sieg beim Giro d'Italia und bestätigte mit schlechter Form bei der Tour '97: Beide Rundfahrten kann man heute nicht mehr erfolgreich bestreiten.

## Die Zurückgefallenen

»Ich kann die Tour gewinnen«, verkündete **Frank Vandenbroucke** mehr als selbstbewußt. Der unter den Rennfahrern als Großmaul belächelte Belgier konnte jedoch nicht einmal seinen von ihm angekündigten Etappensieg erringen. Am Tag der Ankunft seiner Freundin wollte er in Plumelec gewinnen – erzählte er jedem. Erik Zabel hat das auch gehört, suchte im Finale Vandenbrouckes Hinterrad und sprintete acht Meter Vorsprung heraus. Vor dem Zeitfahren sprach vom Belgier keiner mehr: 90. ist er mit 1:09:48 Stunden Rückstand.

Sechs Wochen Rennpause hatte **Laurent Jalabert** vor der Tour de France eingelegt, um ausgeruht und perfekt vorbereitet seine Chance zu suchen. Sogar auf die französische Meisterschaft hatte er verzichtet. Es half nichts. Der Mann, der auf einem Landgut im südfranzösischen Mazamet zurückgezogen lebt, ist in den Pyrenäen weit zurückgefallen. Als 29. hat er mit 24:32 Minuten keine Chance mehr auf den Toursieg.

**Luc Leblanc** ist eine tragische Figur. Im Alter von acht Jahren mußte er den Autounfall miterleben, bei dem sein Bruder Gilles starb. Seitdem ist Leblanc ein extrem introvertierter und verschlossener Mensch. Auch in diesem Jahr hatte er kein Glück. Der Weltmeister von 1994 stürzte beim Zeitfahren des Giro d'Italia, brach sich zwei Finger. Abends konnte er kein Brot mehr brechen, am nächsten Tag kämpfte er weiter, 80 Kilometer allein im Regen. Dann gab er auf mit den Worten: »Für meinen Sohn. Ich will nach Hause.« Bis zur Tour de France kam er nicht mehr in Form. 114. ist er vor dem Zeitfahren, 1:19:10 Stunden von Jan Ullrich entfernt. In den Alpen wird Luc Leblanc aufgeben und sagen: »Ich verlasse die Galeere.«

## Die Übriggebliebenen

Wer ist überhaupt noch in der Lage, Jan Ullrich anzugreifen, bevor es in die Alpen geht? **Marco Pantani** ist Fünfter. Dem Mann, der so oft gestürzt ist wie kein anderer, lief beim Giro d'Italia bei Tempo 80 eine Katze ins Rad. Danach fand er sich wieder im Krankenhaus wieder. Sein Rückstand von nur fünfeinhalb Minuten läßt den Italiener, der als bester Bergfahrer der Welt gilt, trotzdem weiter hoffen.

**Bjarne Riis** liegt vor ihm. Aber der große Sieger vom letzten Jahr ist zum Helfer von Jan Ullrich geschrumpft. Eine Rolle allerdings, die Riis mit Würde und Engagement ausfüllt. Er hat vor dem Zeitfahren 4:53 Minuten Rückstand und hofft noch auf einen Etappensieg.

**Abraham Olano** soll beim spanischen Banesto-Team die Lücke von Miguel Induráin schließen. Das schafft er nicht. Der schweigsame Baske hat sich so gründlich vorbereitet wie nur wenige. Alle Bergpässe der Tour ist er bereits im Training abgefahren. Trotzdem zeigt er Schwächen, wenn die Straße aufwärts geht. Olano ist Dritter, 4:46 zurück.

Bleibt nur noch **Richard Virenque**. Nur zweieinhalb Minuten trennen ihn von Ullrich. Der angriffslustige Franzose kennt in jedem Jahr nur ein Ziel: die Tour de France. Für viele überraschend tauchte er auch diesmal in ausgezeichneter Form auf. Virenque übernimmt die Rolle des großen Sprücheklopfers: »Ich will beim Zeitfahren nicht mehr als zwei Minuten verlieren. Dann greife ich in den Alpen an.«

| Classement de l'Etape | | | | |
| --- | --- | --- | --- | --- |

18 juillet
12e Saint-Etienne - Saint Etienne    Kilomètres:

| Pos | Nom Prénom | | No | h mn ss |
| --- | --- | --- | --- | --- |
| 1 | ULLRICH Jan | TEL | 8 | GER | |
| 2 | VIRENQUE Richard | FES | 11 | FRA | 03'04" |
| 3 | RIIS Bjarne | TEL | 1 | DEN | 03'08" |
| 4 | OLANO Abraham | BAN | 151 | ESP | 03'14" |
| 5 | PANTANI Marco | MER | 181 | ITA | 03'42" |
| 6 | CASAGRANDE Francesco | SAE | 113 | ITA | 03'56" |
| 7 | VANDENBROUCKE Franck | MAP | 29 | BEL | 04'44" |
| 8 | JASKULA Zenon | MAP | 24 | POL | 04'50" |
| 9 | ZBERG Beat | MER | 189 | SUI | 05'00" |
| 10 | BOOGERD Michaël | RAB | 122 | NED | 05'04" |
| 11 | JIMENEZ Jose Maria | BAN | 158 | ESP | 05'19" |
| 12 | ESCARTIN Fernando | KEL | 171 | ESP | 05'23" |
| 13 | BROCHARD Laurent | FES | 13 | FRA | 05'34" |
| 14 | PASCUAL RODRIGUEZ Javier | KEL | 178 | ESP | 05'35" |
| 15 | JONKER Patrick | RAB | 125 | NED | 05'52" |
| 16 | DEKKER Erik | RAB | 124 | NED | 05'53" |
| 17 | CAMENZIND Oscar | MAP | 22 | SUI | 06'15" |
| 18 | GOUVENOU Thierry | BIG | 216 | FRA | 06'22" |
| 19 | DUFAUX Laurent | FES | 14 | SUI | 06'35" |
| 20 | ODRIOZOLA Jon | BAT | 147 | ESP | 06'35" |
| 21 | ELLI Alberto | CSO | 131 | ITA | 06'35" |
| 22 | LINO Pascal | BIG | 211 | FRA | 06'45" |
| 23 | BOARDMAN Chris | GAN | 91 | GBR | 06'45" |
| 24 | LEBLANC Luc | PLT | 51 | FRA | 06'46" |
| 25 | CASERO Angel | BAN | 156 | ESP | 06'47" |
| 26 | BOLTS Udo | TEL | 3 | GER | 06'52" |
| 27 | HAMILTON Tyler | USP | 195 | USA | 06'54" |
| 28 | FINCATO Marco | ROS | 83 | ITA | 06'59" |
| 29 | LANCE Pascal | BIG | 217 | FRA | 07'05" |
| 30 | BREUKINK Erik | RAB | 123 | NED | 07'08" |
| 31 | CHANTEUR Pascal | CSO | 134 | FRA | 07'11" |
| 32 | DJAVANIAN Viatcheslav | ROS | 82 | RUS | 07'14" |
| 33 | EKIMOV Vjatceslav | USP | 191 | RUS | 07'15" |
| 34 | JALABERT Laurent | ONC | 31 | FRA | 07'22" |
| 35 | GONTCHENKOV Alexandre | ROS | 81 | RUS | 07'25" |
| 36 | KASPUTIS Arturas | CSO | 137 | LTU | 07'..." |

Dieser Blick auf das Klassement im Bergzeitfahren sagt alles: das Favoritensterben geht weiter und Jan Ullrich fährt »wie von einem anderen Stern«, so sein Trainer Peter Becker nach dem phantastischen Sieg in St. Etienne

»Es gibt eine Tour de France für Jan Ullrich und eine für die anderen.«
PATRICK CHENE, französischer Fernsehkommentator

Einer der großen Tour-Matadore im Kampf gegen die Uhr: Jacques Anquetil – hier nach seinem Sieg im Prolog 1961 (links)

### Die klarsten Siege der großen Zeitfahrer

Jaques Anquetil: 1962 in Lyon (68 km) – 2:59 vor Ercole Baldini
Eddy Merckx: 1971 in Paris (53,8 km) – 2:38 Minuten vor Joop Zootemelk
Miguel Induráin: 1992 in Luxemburg (65 km) – 3:00 Minuten vor Armand de las Cuevas
Jan Ullrich: 1997 in St. Etienne (55 km) – 3:04 vor Richard Virenque

### Die erfolgreichsten Zeitfahrer bei der Tour de France

Jacques Anquetil: 11x Zeitfahren, (1957–64)
Eddy Merckx: 13x Zeitfahren, 5x Prolog (1969–75)
Bernard Hinault: 15x Zeitfahren, 5x Prolog (1978–86)
Miguel Induráin: 8x Zeitfahren, 2x Prolog (1991-95)

»Hören wir auf zu Träumen: Ullrich ist wohl der Beste. Es bleibt uns nichts anderes, als ihn willkommen zu heißen.«
LIBERATION

Exakt um 16.10 Uhr war Jan Ullrich mit einer Straßen-Maschine von der Startrampe gerollt. Die schlechten Wetterprognosen hatten das Telekom-Team zu diesem Schritt bewogen. Erst als der Regen nach dem Anstieg zum Col de la Croix aufhörte, wechselte der Mann in Gelb auf eine Zeitfahrmaschine…

**12. ETAPPE**

1201 m
Col de la Croix
de Chaubouret

26,5

ST. ETIENNE – ST. ETIENNE 55 km

Zeitfahr-Studien: Abraham Olano – Platz 4

Fernando Escartin – Platz 12

84

**Bjarne Riis – Platz 3**

**Jan Ullrich – Platz 1**

Was für ein »Ruhetag« für den »Tour-minator«: »Ullrich lernt die Last des Lebens im Gelben Trikot«, titelte die Süddeutsche Zeitung. Der großen Pressekonferenz stellte sich der Tour-Spitzenreiter gewohnt freundlich und hatte auch Zeit für Buch-Co-Autor Hagen Boßdorf, der zum Reporter-Team der ARD gehört

# Mein Tour-Tagebuch

## 17. Juli (Ruhetag in St. Etienne)

*An diesem Ruhetag hatte ich alles, aber keine Ruhe. Der Rummel um unser Team und mich konnte mich aber nicht mehr überraschen. Im letzten Jahr war es auch schon so, als Bjarne im Gelben Trikot fuhr. Diesmal sind die Rollen natürlich anders verteilt. Das meiste Interesse betrifft mich, das ist mir schon klar. Ich bin allerdings der Meinung, daß Bjarne Riis als erfahrener Profi auch weiterhin ansagen sollte, wie unser Team fährt. Ich hätte damit überhaupt kein Problem.*

*Wir wohnen am Stadtrand von St. Etienne gegenüber von einem Golfplatz, auf den vor allem unsere Hobbygolfer Erik Zabel und Rolf Aldag voller Sehnsucht schauen. Schon am Morgen wurde unser Hotel von der Presse belagert. Nach dem Frühstück also die ersten Interviews und dann ab auf die Strecke. Wir sind 60 bis 70 Kilometer gefahren, den ganzen Zeitfahrkurs. Ich überlege noch, ob ich das Rad wechseln soll: Erst am Berg mit einem normalen Rennrad, dann die Abfahrt und das Flachstück mit einer Zeitfahrmaschine. Ich will es aber erst morgen entscheiden.*

*Nach zwei Stunden Training kommen wir zurück zum Hotel- wieder Interviews. Dann Mittagessen und anschließend eine Fernsehsendung bei der ARD. Am Nachmittag folgt dann der Ansturm der internationalen Presse. Es sind bestimmt 200 Reporter und Journalisten gekommen. Die Fragen in der völlig überfüllten Pressekonferenz rei-*

*chen von »Haben Sie schon einmal vom Gelben Trikot geträumt?« bis zu »Wie pinkelt man auf dem Fahrrad?« Ich weiß wirklich nicht mehr, wieviele Interviews ich gegeben habe. Ich weiß, daß es sein muß. Also höre ich mir die Fragen geduldig an und versuche sie so gut wie möglich zu beantworten. Daß ich lieber im Bett liegen und einen Mittagsschlaf machen würde, interessiert doch jetzt keinen. Als ich endlich bei Dieter »Eule« Ruthenberg auf der Massagepritsche liege, fallen mir die Augen zu. Die Anstrengungen der letzten Tage spürt man ganz genau.*

*Ich bin so glücklich, wie alles bisher gelaufen ist. Ich habe eine Etappe gewonnen und einen Tag lang das Gelbe Trikot getragen. Das ist schon jetzt mehr, als ich erwartet hatte. Nun will ich das »Gelbe« natürlich auch so lange wie nur möglich verteidigen. Das Zeitfahren ist dafür sehr wichtig, aber man darf sich auch nicht leerfahren. Wenn ich mich morgen total veraus-*

Ohne Worte…

Ohne Kommentar…

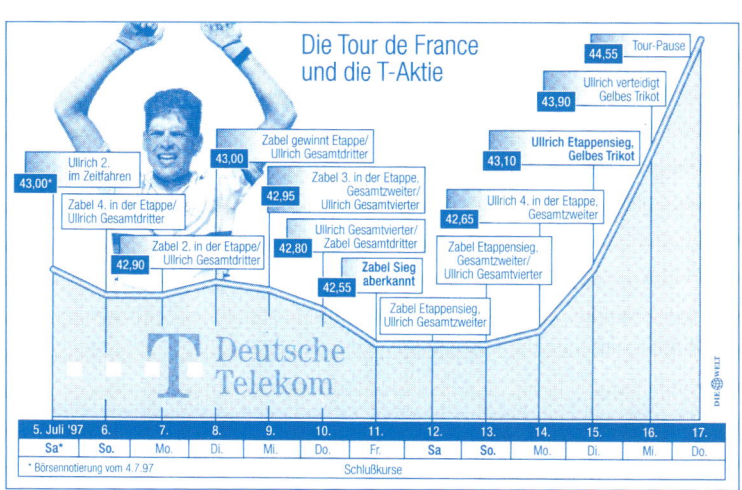

87

Was wären die Telekom-Pedaleure ohne ihre »Arbeitsgeräte«? Die vier Mechaniker Dirk Tyteca, Jean-Marc Vandenberghe, Geert Rombouts und Eddy D'Herde sorgen dafür, daß diese bestens rollen

gabe, fehlen mir bei den drei schweren Alpenetappen die Kräfte. Die Etappen in den Alpen sind zwar kürzer als in den Pyrenäen, aber vom Profil her sind sie steiler. Bis über die Schmerzgrenze hinaus werde ich also nicht gehen.

Ein Etappensieg wäre natürlich traumhaft, weil er auch bedeuten würde, daß ich die Führung ausbaue. Aber wenn Richard Virenque einen guten Tag erwischt, kann er auf diesem bergigen Kurs auch schneller sein als ich. Ich glaube, ich werde das Rad doch tauschen...

Vor allem aber werde ich heute früher schlafen gehen.

### 18. Juli (Zeitfahren in St. Etienne über 55km)

Was ist denn da nun wieder passiert? Ich liege im Bett und denke über das Zeitfahren nach. Ich war unsicher vor dieser Etappe. Ich habe befürchtet, daß es kalt wird und regnet. Dann aber schien die Sonne. Beim Warmfahren habe ich gemerkt, daß ich »gute Beine« hatte. Was dann allerdings passierte, ist unglaublich.

Ich ging als letzter Starter ins Rennen. Wie vor jedem Start bekreuzigte ich mich. Ich bin zwar kein religiöser Mensch, aber abergläubisch. Deshalb habe ich mir seit einigen Jahren diese Geste angewöhnt. Hinter mir im Begleitfahrzeug fahren mein sportlicher Leiter Walter Godefroot und mein Trainer Peter Becker, der für drei Tage die Tour besucht. Sie informieren mich ständig über die Zwischenzeiten. Am Ende des Flachstücks habe ich einige Sekunden Vorsprung vor Boardman

und Olano, aber jetzt folgt erst die wichtigste Passage. Ich komme gut den Berg »Le Bessat« hinauf, der immerhin 1200 Meter hoch ist. Beim Radwechsel erfahre ich, daß der Vorsprung vor Virenque und Patani auf 1:41 Minuten angewachsen ist. Nun will ich es wissen.

Ich wollte ja eigentlich nicht bis an meine Grenzen gehen, nur einige Sekunden herausfahren. Aber bald sah ich die Motorräder, die den vor mir gestarteten Virenque umschwärmten. Das hat mich natürlich total angestachelt. Beim Bergzeitfahren nach Val d'Isere im letzten Jahr habe ich auch einen Fahrer eingeholt. Aber der war nur zwei Minuten vor mir gestartet. Bei Virenque waren es drei. Als ich ihn dann wirklich überholte, war das schon ein großartiges Gefühl. Für einen Augenblick spürte ich meine sportliche Überlegenheit.

Im Ziel war ich sehr erschöpft. Aber vier Sekunden hinter mir kam Richard Virenque rein, der konnte sich gar nicht mehr auf den Beinen halten, als er mir gratulieren wollte. Von Journalisten hörte ich dann, daß es der klarste Zeitfahrsieg bei der Tour de France gewesen sein soll. Kein Anquetil, kein Merckx, kein Induráin hatte mehr Vorsprung vor seinen Gegnern. Aber mit diesen Vergleichen kann ich nichts anfangen. Ich bin glücklich, daß ich dieses Zeitfahrrennen gewinnen konnte. Aber morgen zählt das schon nichts mehr. Dann beginnen die Alpenetappen und alles geht von vorne los...

»Der Mann muß noch viel lernen. Richtig küssen vor allem. Seines wirkt noch unbeholfen. Steht oben auf dem Siegerpodest, eingerahmt von zwei bildhübschen Hostessen in knallgelben Kleidchen, hält den obligatorischen Blumenstrauß und beugt seinen Körper leicht nach vorn zur Rechts-Links-Kuß-Kombination. Oder war es doch erst die linke Wange und dann die rechte? Meistens verküßt er sich, und die Nasen tupfen aneinander. Im Bussigeben gibt es bessere.

Aber sonst?«

MICHAEL STRECK
in der stern-Titelstory vom 24. Juli 1997

Jan Ullrich:
»Du mußt essen, selbst wenn du kein Hungergefühl verspürst. Denn wenn der Hunger erst einmal kommt, ist es zu spät. Dann zündet der Motor nicht mehr. Mit dem Trinken ist es genauso. Den Flüssigkeitsverlust spürst du nicht. Wer zu wenig trinkt, dehydriert. Und macht schlapp. An heißen Tagen braucht dein Körper bis zu fünf Liter Mineralwasser.«

Das Trio Infernale: Der Kahle – Marco Pantani, der nie aufgibt, bekennt nach seinem unwiderstehlichen Sturm über die 21 Serpentinen nach L'Alpe d'Huez: »Heute bin ich zum zweiten Mal geboren.«

Der Kämpfer – Richard Virenque startete mit seinem Festina-Team am 20. Juli auf dem Weg nach Courchevel einen »kollektiven Großangriff« auf das Gelbe Trikot von Jan Ullrich, der zwar an der Stärke des Deutschen und seines Kapitäns Bjarne Riis scheiterte, dem Franzosen aber seinen ersten Etappensieg in den Alpen brachte

»Jan Ullrich fährt wie eine Mauer. Man stößt sie nicht um. Ich greife an, trete, was ich kann, dann drehe ich mich um: Er ist immer da. Ich habe nicht gedacht, daß er die Alpen auch so gut übersteht.«
**RICHARD VIRENQUE**

# Wer ist der König
# der Berge?

**W**enn den Sprintern die Nähe zum Wahnsinn nachgesagt wird, so ist es bei den Kletterern der Hang zum Masochismus. Wer sich über steile Berge quält, die höher als 2000 Meter sind, wer seinen Weg sucht durch schreiende Massen, die einen taub werden lassen, wer bei großer Hitze den Anstieg beginnt, der oft in Nebel und Kälte endet – der muß über ein besonderes Potential an Leidensfähigkeit verfügen. Außerdem muß er ein günstiges Kraft-Masse-Verhältnis mitbringen und ein tollkühner Abfahrer sein. Bei dieser Tour de France hatten nur drei Bergkönige einen Anspruch auf den Thron der Kletterer.

## Richard Virenque: Das Bergtrikot

Das lustigste Trikot der Tour gibt es seit 1933. Es ist weiß mit roten Punkten und schmückt den besten Bergfahrer. Oder genauer gesagt: den erfolgreichsten Punktesammler bei den Bergwertungen der verschiedenen Kategorien. Der Spanier Frederico Bahamontes gewann diese Wertung zwischen 1954 und 1964 sechsmal, der Belgier Lucien van Impe zwischen 1971 und 1983 genauso oft. Was ihnen nicht gelang, schafft Richard Virenque. Er gewinnt den Preis der Bergfahrer zum vierten Mal in ununterbrochener Reihenfolge. Trotzdem muß er sich von Altmeister van Impe sagen lassen: »Richard Virenque ist kein Kletterer.«

Der Franzose ist keiner dieser kleinen »Bergflöhe«, die scheinbar schwerelos die Berge hinauffliegen. Er arbeitet auf dem Rad, hin und her schaukelnd, das Rad verbiegend. Sein größter Vorteil ist seine Moral, sein unbesiegbarer Wille, die Qualen im Gebirge möglichst schnell hinter sich zu bringen. Immer wieder wechselt er Tempo und Rhythmus, um seine Gegner zu zermürben.

Beim Anstieg nach Courchevel (21 Kilometer mit einer Steigung von 6,3 %) griff er immer wieder an. Bjarne Riis wurde sein Opfer. Nur Jan Ullrich hielt mit, der dem »fleißigsten Fahrer des Tages« zu seinem ersten

»Jan Ullrich ist sehr, sehr stark. Wir sind alle ein bißchen überrascht. Er verfügt über ein unglaubliches physisches Potential. Solange ich mich nicht im Zeitfahren verbessern kann, werde ich ihn bei einer großen Rundfahrt nie besiegen können.«
**MARCO PANTANI**

Etappensieg in den Alpen verhalf. Bisher hat der Mann im Bergtrikot nur zwei Kletterpartien in den Pyrenäen (1994 in Luz Ardiden, 1995 in Cauterets) als Sieger beendet.

Richard Virenque wurde am 19. November 1969 in Casablanca (Marokko) geboren. Er erfreut sich in Frankreich einer ungewöhnlichen Popularität, die auch von Laurent Jalabert oder Luc Leblanc nicht erreicht wird. Das liegt einerseits an Virenques offensiver, begeisternder Fahrweise und seinem lockeren Auftreten, andererseits an seinem sozialen Engagement: 1996 spendete er sämtliche Prämien und Erlöse aus Versteigerungen seiner Trikots für die hungernden Flüchtlinge in Ruanda.

## Marco Pantani: Der »Scalattore«

Den Italiener mit dem Glatzkopf interessiert das Bergtrikot nicht. Er will den Ruhm der Etappensiege. Er ist der letzte »Scalattore«, wie die Italiener die Spezialisten steiler Anstiege nennen, die ein Feld auseinanderreißen können, wenn sie urplötzlich am Berg antreten, die ständig das Tempo wechseln und immer wieder attackieren. Marco Pantani hat diese seltene Kunst bei der Tour de France 1997 zweimal demonstriert.

Die legendären 21 Serpentinen von Alpe d'Huez (13,8 Kilometer mit einer Steigung von 7,9%) gehörten 1952 zum ersten Mal zum Tour-Programm. Große Siege feierten in Alpe d'Huez Fausto Coppi, Hennie Kuiper, Bernard Hinault und Gianni Bugno. Marco Pantani schafft, was keinem seiner Vorgänger gelang: Er griff bereits in der ersten Kurve an und wurde nicht mehr eingeholt. Mit einem langen Freudenschrei fuhr er nach 1995 zum zweiten Mal in Alpe d'Huez über die Ziellinie. Wer Pantanis Geschichte kennt, wird ihn verstehen.

Sein erstes Pech sind seine großen Ohren. »Elefantino« nannten sie den Sohn eines Brötchenverkäufers aus Cesenatico. Durch den Spott verunsichert, zog er sich zurück, wurde einsilbig und wehleidig. Erst als Rennfahrer bekam er das Gefühl, etwas Bleibendes leisten zu können. Im erfahrenen Profi Claudio Chiapucci fand er die Bezugsperson, die ihn vor spöttischen Bemerkungen schützte. Pantani überwand seine Minderwertigkeitsgefühle und wurde zum herausragenden Bergfahrer der 90er Jahre. Er wurde so gut, daß er sich inzwischen auch von seinem einstigen Förderer Chiapucci getrennt hat. Vier Etappensiege bei der Tour, zwei Tageserfolge beim Giro – alle bei den schwersten Bergetappen – Marco Pantani könnte trotzdem noch viel erfolgreicher sein.

## Ullrich, Virenque und Pantani in den Bergen

| | | | |
|---|---|---|---|
| **9. Etappe nach Loudenvielle** | 2. Virenque | 3. Pantani | 4. Ullrich |
| **10. Etappe nach Andorra** | 1. Ullrich | 2. Pantani | 3. Virenque |
| **13. Etappe nach Alpe d'Huez** | 1. Pantani | 2. Ullrich | 3. Virenque |
| **14. Etappe nach Courchevel** | 1. Virenque | 2. Ullrich | 6. Patani |
| **15. Etappe nach Morzine** | 1. Pantani | 2. Virenque | 3. Ullrich |

### »Gesamtwertung« der Bergetappen
1. Ullrich    2. Virenque (- 1:48 Minuten)    3. Pantani (-2:10 Minuten)

### Die höchsten Bergankünfte der Tour de France
| | |
|---|---|
| 2413 Meter (Col du Granon) | 1986 Eduardo Chozas |
| 2275 Meter (Val Thorens) | 1994 Nelson Rodriguez |
| 2115 Meter (Tourmalet) | 1974 Jean-Pierre Danguillaume |

### Berge bei der Tour
1905 zum ersten Mal über die Vogesen (Ballon d'Alsace)
1910 zum ersten Mal in den Pyrenäen (Aubisque, Tourmalet)
1911 zum ersten Mal in den Alpen (Galibier)
1933 zum ersten Mal Bergitrikot
1952 zum ersten Mal Bergankünfte (Sestriere, Alpe d'Huez, Puy de Dome)

Was die Berge angeht, so können freilich der Kahle, der Kämpfer und der Kühle nur ehrfürchtig zu jenen beiden hochblicken, die jeweils sechsmal das Trikot des besten Kletterers eroberten: Federico Bahamontes, der »Adler von Toledo«, der als erster Spanier 1959 die Tour de France gewann (großes Foto) und der Belgier Lucien van Impe – hier ein ungewohntes Portrait im Anzug und Krawatte – der die »Große Schleife« 1976 siegreich beendete

Sein zweites Pech sind seine Stürze. Am 18. Oktober 1995 prallte er beim Rennen Mailand – Turin frontal gegen ein Auto und stürzte in eine Schlucht. Seine Beine waren mehrfach gebrochen, mußten operiert werden und sind jetzt unterschiedlich lang. 18 Monate mußte er pausieren. Dann kam er wieder und startete beim Giro d'Italia 1997. Auf der achten Etappe lief ihm bei 80 km/h eine Katze ins Vorderrad. Pantani stürzte erneut, kam ins Krankenhaus – und trotzdem noch zur Tour.

Der glatzköpfige Marco Pantani sagt heute von sich: »Ich bin ein Mensch, der sich nicht versteckt, sondern ausdrückt.« Durch sein Äußeres, durch seine Worte, vor allem aber durch seine Siege.

## Jan Ullrich: Der Alleskönner

Ihm sieht man seine Anstrengung nicht an. Wenn die anderen mit schmerzverzerrter Miene, gequälten Bewegungen und verkrampftem Wiegetritt gegen den Berg kämpfen, sitzt Jan Ullrich ruhig auf seinem Rad, das Gesicht entspannt, der Tritt harmonisch. Der Eindruck täuscht. Ullrich quält sich wie alle anderen auch. Sein eleganter Fahrstil ist das Ergebnis jahrelangen Trainings. Immer wieder die Berge hinauf im Sitzen, ohne die Gänge zu schalten. Immer wieder. Ein spezielles Programm für die Muskelschleife, die in den Unterarmen beginnt und in den Beinen endet. Aber es stimmt: Wenn Jan Ullrich die Berge rauf fährt, sieht es besonders schön aus.

Der Kühle – Jan Ullrich, von dem selbst sein größter Rivale der Tour '97 Richard Virenque, glaubt, daß der selbst Induráin übertreffen könnte und angesichts dieser Prognose äußert: »Dann kann ich die Tour ja nie gewinnen…«

Wie in einem Western:
Das Festina-Team tritt zum
Shooting-Out an,
und der Mann in Gelb
wird sich erfolgreich
zur Wehr setzen

# Mein Tour-Tagebuch

### 19. Juli (St. Etienne - Alpe d'Huez über 204 km)

*Ich habe wirklich gedacht, Alpe d'Huez ist eine Bergankunft wie alle anderen auch. Ein großer Stein, den man besiegen muß. Aber ich muß mich korrigieren. Die Etappe war 180 km lang flach, bevor diese 21 Sepentinen begannen. Was uns dort erwartete, habe ich noch nie erlebt. Soviele Menschen auf einem Haufen habe ich noch nie gesehen. Und dann dieser Höllenlärm, lauter als in einer Techno-Disco. Noch 30 Minuten nach dem Rennen war ich auf beiden Ohren taub vom Geschrei der Menschen. Das war Wahnsinn. Alpe d'Huez ist eben doch etwas einmaliges. Jetzt bin ich davon überzeugt.*

*Der Berg ist sehr steil, und durch diese vielen schreienden Menschen gibt es nur eine ganz schmale Fahrrinne. Aber der Berg ist auch schön, er läßt sich*

*gut fahren. Er ist nicht so windanfällig und man rollt auf gutem Asphalt. Eigentlich wollte Bjarne Riis heute gewinnen. Unsere Taktik war deshalb, daß wir mit hohem Tempo in den Berg hineinfahren, damit Bjarne dann angreifen kann. »Heppe« raste also die ersten Kurven hinauf, danach sah ich mich um: Bjarne sah noch gut aus. Ich beschleunigte mit den Leuten von Festina das Tempo weiter, da bekam Bjarne Probleme. Als Richard Virenque, der als Zweiter am gefährlichsten für mich ist, zurückfiel, konnte ich mein eigenes Tempo fahren. Immer schön gleichmäßig ein 18er oder 20er Tempo. Marco Pantani hat schließlich angegriffen, er war heute wirklich der Stärkste.*

*Danach begann die »zweite Etappe«, die immer anstrengender wird. Zunächst die Siegerehrung, die ersten Interviews und die Dopingkontrolle. Dann war ich im Hotel für eine halbe Stunde allein: Auf der Rolle habe ich mich ausgefahren, schön warm einge-*

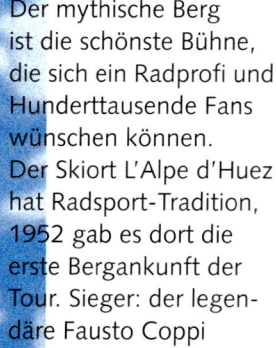

Der mythische Berg ist die schönste Bühne, die sich ein Radprofi und Hunderttausende Fans wünschen können. Der Skiort L'Alpe d'Huez hat Radsport-Tradition, 1952 gab es dort die erste Bergankunft der Tour. Sieger: der legendäre Fausto Coppi

packt, immer mit kleinem Gang. Da schwitzt man ein bißchen die Säure aus den Beinen. Anschließend hat »Eule« mich anderthalb Stunden massiert. Das tat gut. Nur mein Hunger wurde immer größer. Aber vor dem Essen war ich noch beim ZDF, für eine Schaltung ins »Aktuelle Sportstudio«. Ich glaube, die Zuschauer haben nicht gemerkt, wie kaputt ich bin. Um 22.00 Uhr kam ich endlich zum Abendbrot. Das ist der Preis, den ich zahlen muß.

### 20. Juli (Bourg d'Oisans - Courchevel über 140 km)

Jeden Morgen stehe ich mit dem Gelben Trikot auf. Entweder es liegt über dem Stuhl oder es hängt an der Wand. Man bekommt täglich neue: ein kurzärmeliges und ein langärmeliges. Es ist wie eine kleine Begrüßung, wenn ich morgens meine Nummer an dieses Trikot hefte. Manchmal kann ich auch nach fünf Tagen noch nicht glauben, daß ich es sein soll, der in diesem

Was wäre Jan Ullrich in den Alpen ohne den selbstlosen Bjarne Riis gewesen. »Bleib an meinem Hinterrad, ich mache alles für dich«, so der Vorjahressieger, der alles für Super-Jan gab

## 13. ETAPPE

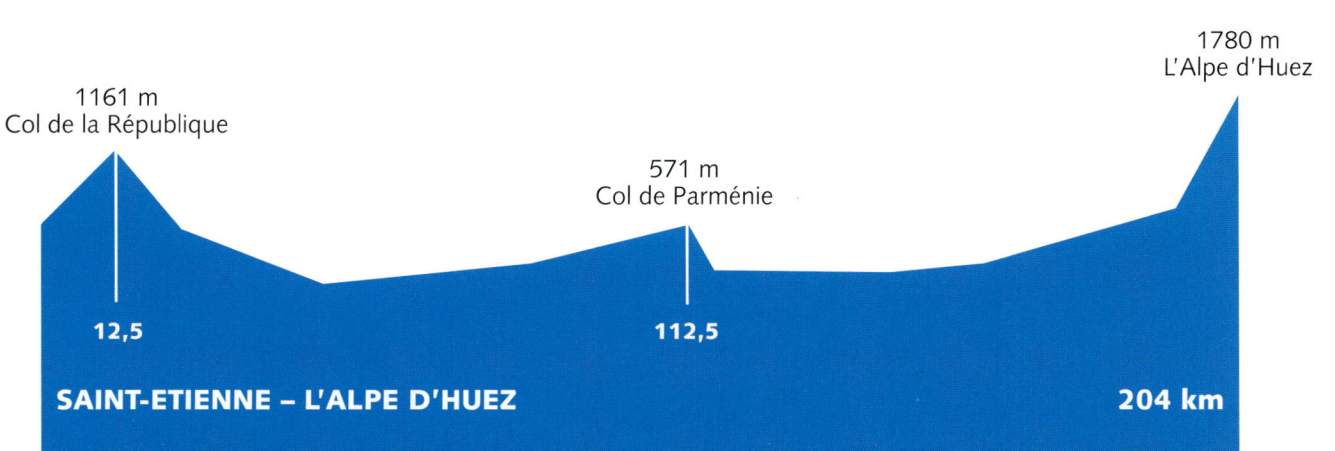

1780 m
L'Alpe d'Huez

1161 m
Col de la République

571 m
Col de Parménie

12,5

112,5

**SAINT-ETIENNE – L'ALPE D'HUEZ**　　　　　**204 km**

sein. Dann gab es Probleme mit den Bremsen, weil meine Karbonfelgen einen Schlag bekommen hatten. Da bekam ich schon Angst. Die Fahrer gehen bei den Abfahrten teilweise ein sehr großes Risiko ein. Das war vor einem Jahr nicht so. Jedenfalls war ich für einige Minuten isoliert: vor mir die Spitzengruppe, hinter mir die Verfolger.

Bjarne Riis kam dann von hinten herangefahren. Er hat mich beruhigt, weil der Weg bis ins Ziel nach Courchevel noch sehr lang war. Bjarne hat total für mich geschuftet. Wenn so ein

Die glorreichen Vier: Ullrich, Riis, Virenque, Pantani (von links)

berühmtesten Radsporttrikot durch die Gegend fährt.

Heute gab es die erste Situation im Gelben Trikot, die mich unsicher machte: Bei der Abfahrt vom Col du Glandon griff Richard Virenque mit seiner Festina-Mannschaft an. Ich wollte mir gerade eine Zeitung unter das Trikot stecken, als sie losdüsten. Ich bin dann hinterher, Kurve für Kurve. Aber der Rückstand wurde immer größer. Die müssen wie die Wahnsinnigen durch die Kurven gepfeffert

Moralische Unterstützung kam auch von Trainer Peter Becker

## 14. ETAPPE

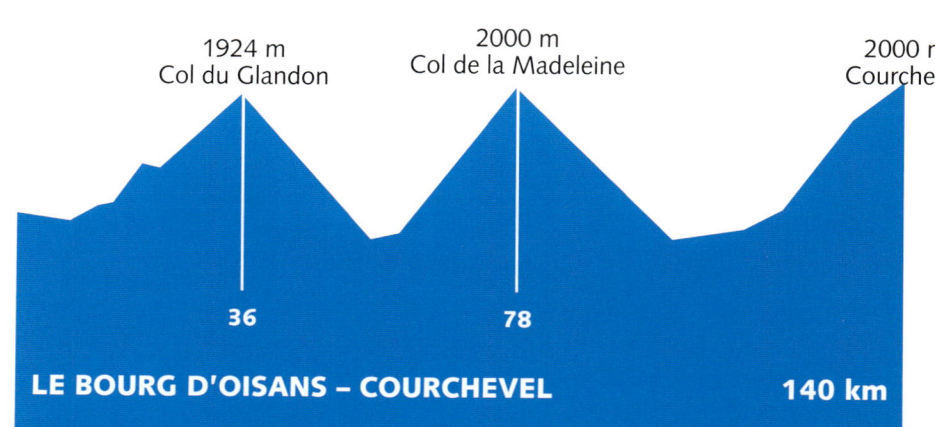

1924 m
Col du Glandon

2000 m
Col de la Madeleine

2000 m
Courchevel

36

78

LE BOURG D'OISANS – COURCHEVEL          140 km

großer Meister so selbstlos für mich arbeitet, dann weiß ich gar nicht, wie ich ihm danken soll. Er opfert sich wirklich für mich auf. Ich würde es ihm gar nicht vorwerfen, wenn er nicht für mich arbeiten würde. Wir haben dann Virenque vor dem letzten Anstieg gemeinsam wieder eingefangen.

Am Ende war ich sehr froh über die Etappe. Richard Virenque hat mehrmals wild angegriffen. Leider konnte auch Bjarne ihm nicht mehr folgen, von Pantani war überhaupt nichts zu sehen. Also waren der Franzose und ich bald allein. Er redete auf mich ein, mehr Tempo zu machen, aber ich hatte gar keinen Grund. Ich mußte nur bei ihm bleiben, um meinen Vorsprung zu verteidigen. Auf der Zielgeraden bin ich dann nicht mitgespurtet. Virenque war an diesem Tag der Beste, er sollte auch gewinnen. Bei Miguel Induráin habe ich auch mehrmals gesehen, daß er anderen den Etappensieg überlassen hat, wenn er selbst das Gelbe Trikot verteidigte. Ich bin doch kein Kannibale, der anderen nichts übrigläßt.

## 21. Juli (Courchevel - Morzine über 217 km)

Die letzte Alpen-Etappe ist überstanden. Jetzt fange ich an, die Tage bis Paris zu zählen. Ich kann mich ja nicht davor verstecken, daß mein Sieg von Tag zu Tag wahrscheinlicher wird. Aber ich bleibe dabei: Es kann noch so viel passieren. Ich versuche, das Risiko gering zu halten. Deshalb bin ich bei Abfahrten nie an die 100 Prozent gegangen. Soll der Virenque doch 30 Sekunden vor mir ins Ziel kommen. Hauptsache, ich stürze nicht.

Der Streß wird immer größer. Morgens sage ich mir manchmal: Hoffentlich schaffst du es heute vor halb zwölf ins Bett. Ich muß um acht aufstehen, dann die ganze Morgenarie, das Rennen und die Nachbereitung. Es klappt immer seltener.

Wenn ich irgendwo einen Augenblick Ruhe habe, fallen mir sofort die Augen zu. Es tut alles weh: Die Beine, die Arme, die Lungen. Einfach alles. Aber wenn ich mal kurz jammere, sagt mein Zimmerkumpel Jens Heppner immer zu mir: Den anderen geht es doch noch viel schlechter.

Der glatzköpfige Italiener feierte in den Alpen zwei Etappensiege und verkündet danach selbstbewußt. »Der beste Pantani ist der Pantani der Zukunft!«

## 15. ETAPPE

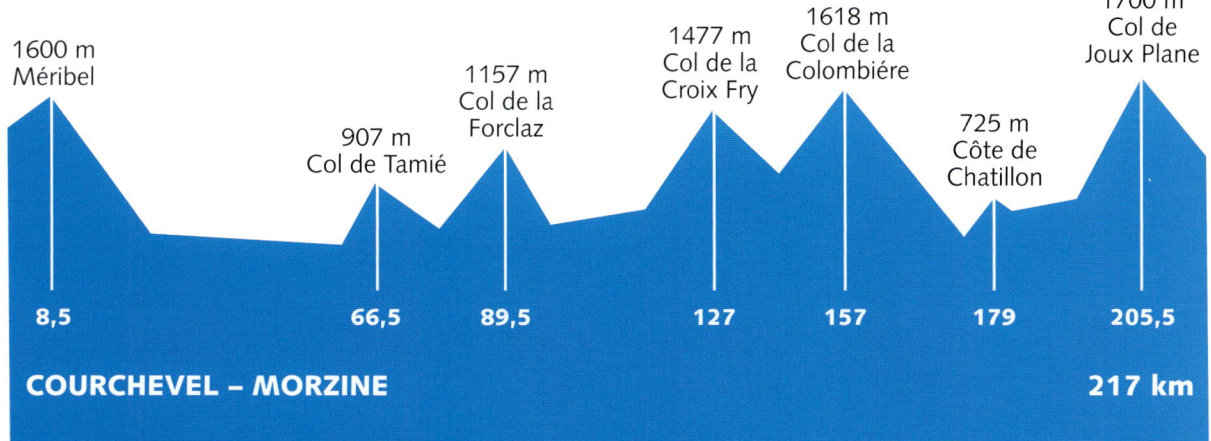

1600 m
Méribel

907 m
Col de Tamié

1157 m
Col de la
Forclaz

1477 m
Col de la
Croix Fry

1618 m
Col de la
Colombiére

725 m
Côte de
Chatillon

1700 m
Col de
Joux Plane

8,5  66,5  89,5  127  157  179  205,5

**COURCHEVEL – MORZINE**   **217 km**

Das ist nicht etwa Lüt-
zows wilde verwegene
Jagd, sondern Tour de
France pur …

»Ich habe gehört, daß heute ›piano‹ gefahren wird, aber dann wurde nach dem Start angegriffen«, so der Mann im Gelben Trikot nach Etappe 16. Also fuhr er ›furioso‹ mit der Karawane mit …

# Wer ist die beste Mannschaft?

**D**er Star ist die Mannschaft«, erklärte Berti Vogts, der Bundestrainer der deutschen Fußball-Nationalmannschaft, seinen Erfolg bei der Euro '96 in England. Noch viel mehr treffen diese inzwischen geflügelten Worte auf den Radsport zu. Ohne eine perfekt funktionierende, selbstlos dienende und hervorragend austrainierte Mannschaft ist bei einer schweren Rad-Rundfahrt auch der überlegenste Kapitän nichts wert. Jan Ullrich konnte sich bei seinem ersten Tour-Sieg auf das beste aller 22 Teams verlassen.

Das Team Deutsche Telekom, Jahrgang 1997, ist das Ergebnis einer sechsjährigen Aufbauarbeit. Im Januar **1991** wird die damalige Deutsche Bundespost Telekom neuer Hauptsponsor der Profi-Mannschaft »Team Stuttgart«. Im März **1992** erringt Udo Bölts bei der Baskenland-Rundfahrt in Spanien den ersten Sieg für das Team Telekom. Am 17. Juli **1993** gewinnt Olaf Ludwig die 13. Etappe der Tour de France von Marseille nach Montpellier. Er wird auch Dritter der Weltmeisterschaft der Profis in Oslo. Letzter Deutscher Profi-Meister wird **1994** Jens Heppner. Im Oktober gewinnt Erik Zabel bei Paris – Tours sein erstes Weltcup-Rennen. Für die Tour de France **1995** wird das Team Deutsche Telekom trotzdem nur in einer »Equipe Mixed« mit ZG Mobili aus Italien zugelassen. Erik Zabel gewinnt dennoch zwei Etappen. **1996** gelingt der Mannschaft ein einzigartiger Triumph in Frankreich: Gesamterfolg von Bjarne Riis, Platz 2 für Jan Ullrich, der zugleich bester Jungprofi wird, das Grüne Trikot des besten Sprinters für Erik Zabel und fünf Etappensiege. Der vorläufige Höhepunkt.

Dienst ist Dienst. Zwölfmal wird bei der Tour '97 Jan Ullrich zur Übergabe des Gelben Trikots gebeten. Zeremonienmeister ist kein geringerer als Bernard Hinault, der behauptet, bei dieser Ehrung leide Ullrich mehr als im Rennen

## Die Mannschaft von Jan Ullrich

### Bjarne Riis (8. Tour)
»Der Adler von Herning« heißt ein dänisches Kinderbuch, auf dem ein radfahrender Junge abgebildet ist. Sein Name ist Bjarne Riis. Der Junge aus Herning fiel bereits früh in einem Lehrfilm über »richtiges Radfahren« auf. Riis wurde 1986 Profi, fuhr drei Jahre erfolglos in belgischen Teams, bevor

er nach Italien wechselte. Heute lebt er mit seiner Familie in Steinsel (Luxemburg). Die Tour de France ist sein Rennen: vier Etappensiege, 1993 Fünfter, 1995 Dritter, 1996 Sieger. Mit seiner großen Erfahrung und seiner professionellen Einstellung war er ein wichtiger Berater für seinen Nachfolger als Tour-Sieger.

### Erik Zabel (4. Tour)

Mit drei Etappensiegen wäre Erik Zabel in jedem anderen Team der unumstrittene Superstar. Im Team Deutsche Telekom ist er ein Star unter anderen. Am Ende dieser Tour hat Zabel bereits 16 Saisonsiege auf seinem Konto. Dem Berliner, der heute mit seiner Familie in Unna lebt, wurde von Walter Godefroot mit der Verpflichtung von Jan Schaffrath für das nächste Jahr bereits ein Wunsch erfüllt. Erik Zabel wird auch 1998 für das Team Deutsche Telekom auf Erfolgsjagd gehen.

*Manchmal gibt's freilich auch Irritationen. Wer ist nun der Nächste – Erik Zabel (links) oder doch Jan Ullrich?*

### Giovanni Lombardi (2. Tour)

Der schnelle Italiener aus Fiorenzola stellte sein Können ganz in den Dienst von Erik Zabel. Der Olympiasieger im Punktefahren von 1992 ist selbst in der Lage, Massensprints zu gewinnen, schloß sich aber wegen seiner Freundschaft zu Zabel dem Team Deutsche Telekom an. Seine größten Erfolge sind Etappensiege beim Giro d'Italia 1995 und 1996.

### Rolf Aldag (6. Tour)

Der Eishockeyfan aus Ahlen ist für die »Drecksarbeit« bei Flachetappen und für die Spurtvorbereitung zuständig. Zwei dritte Plätze 1994 und 1995 waren seine persönlichen Erfolgserlebnisse bei Etappenankünften der Tour de France. Ansonsten verhilft das »Kraftwerk« im Team anderen zum großen Erfolg – und freut sich genauso darüber.

**»Ich hoffe, er bewahrt sich seine jugendliche Naivität noch ein bißchen. Er ist kein Typ, der durch den Erfolg abhebt.«**

**UDO BÖLTS**

### Udo Bölts (6. Tour)

Der Pfälzer aus Heltersberg kann selbst eine erfolgreiche Tour de France fahren. Das bewies er 1994, als er Dritter der Alpen-Etappe nach Alpe d'Huez wurde und in Paris als Neunter ankam. So stark wie 1997 war Udo

Bölts noch nie. Trotzdem verzichtete er auf die Erfüllung seiner eigenen Wünsche. Auf den letzten Alpen-Etappen und vor allem in den Vogesen war Udo Bölts der stärkste und wichtigste Helfer von Jan Ullrich.

### Georg Totschnig (2. Tour)

Wie Udo Bölts hätte auch der Österreicher seine eigene Chance in den Bergen wahrnehmen können. Vorbildlich erfüllte er jedoch seine Aufgabe, immer in der Nähe von Ullrich. Bei nur 61 Kilogramm Körpergewicht sind die Berge seine Stärke. Bei großen Rundfahrten fuhr er als Kapitän bereits auf vordere Plätze (9. beim Giro 1995, 6. bei der Vuelta 1996). Seine professionelle Einstellung bewies er auf der Etappe nach Morzine, als er sich aus einer Spitzengruppe zurückfallen ließ, um Jan Ullrich bei der Verfolgung zu helfen.

### Christian Henn (4. Tour)

Der Heidelberger hat sich bereits bei der Tour 1996 seinen Ruf als stiller Helfer in allen Lebenslagen und Rennsituationen erworben. Als Deutscher Meister 1996 führte er meisterhaft Regie beim Toursieg von Bjarne Riis. Bei dieser Tour behinderte ihn lange eine Sturzverletzung (Atembeschwerden durch Rippenprellung) aus der ersten Woche.

### Jens Heppner (6. Tour)

Seine erste Tour 1992 beendete er gleich mit einem ausgezeichneten zehnten Platz. Damals fuhr auf der Etappe nach Koblenz knapp am Gelben Trikot vorbei. Genauso knapp verpaßte Jens Heppner 1997 seinen ersten Etappensieg, als er in Dijon nach einem kämpferischen Spurt mit dem Holländer Bart Voskamp von der Jury deklassiert wurde. Schon vorher hatte der Zimmerkumpel von Jan Ullrich, der im belgischen Kelmis bei Aachen lebt, großes Pech, als ihm ein Hund ins Rad lief und er sich eine Gehirnerschütterung zuzog. Trotzdem hat er bis Paris durchgehalten.

»Ich kenne Jan vier Jahre. Er spricht nie vom Sieg. Für ihn ist eine Sache erst gewonnen, wenn wirklich nichts mehr passieren kann.«
**JENS HEPPNER**

Diese Momentaufnahme vom Zielspurt in Dijon beweist eindeutig: Bart Voskamp und Jens Heppner (rechts) behindern sich gegenseitig. Daß die Jury deshalb jedoch beide distanziert, ist angesichts der klaren Führung vor den Verfolgern eher grotesk

»Ohne die Mannschaft hätte ich nie eine Chance zu gewinnen«, sagt Jan Ullrich. An jenem 24. Juli 1997 ist es vor allem Udo Bölts (vorn), der den Mann in Gelb wieder an eine Spitzengruppe heranfährt

Ein Top-Manager entdeckt sein Herz für die Tour: der Vorstandsvorsitzende der Deutschen Telekom, Ron Sommer, hier im Gespräch mit Tour-Direktor Luc Le Blanc (links)

## Mein Tour-Tagebuch

### 22. Juli (Morzine – Fribourg über 180 km)

*Während dieser Tour ist unsere Mannschaft noch enger zusammengewachsen. Wir sind neun eingeschworene Kumpels. Jeder leidet mit den anderen. Anders geht es auch nicht, wenn man sich bis zur absoluten Erschöpfung für einen anderen einsetzen soll. Heute hat zum Beispiel Georg Totschnig auf seine eigene Chance verzichtet, sich aus der Spitzengruppe zurückfallen lassen und mir geholfen, als ich im Rückstand war.*

*Was Bjarne Riis seit Tagen für mich tut, das ist Wahnsinn. Wenn er nächstes Jahr wieder besser drauf ist, fahre ich wieder für ihn. Das ist bei uns einfach klar.*

*An Geld denke ich im Moment überhaupt nicht. Entschieden habe ich bereits, daß ich von den Prämien nichts anrühren werde. Für den Tour-Sieg gibt es DM 700.000, die Tagesprämien kommen noch dazu. Bjarne Riis hat voriges Jahr seinen Anteil genommen. Das war okay. Ich nehme aber gar nichts. Alles wird an die Helfer und Mechaniker verteilt. Als Tour-Sieger werde ich danach genug Geld verdienen. Mein Berater Wolfgang Strohband erzählt, daß die Sponsoren Schlange stehen. Aber ich habe dafür noch gar keine Gedanken. Ich denke nur an Radrennen.*

### 23. Juli (Fribourg – Colmar über 190 km)

*So nah an Zuhause, das war ein komisches Gefühl. Merdingen ist doch nur*

*30 Kilometer entfernt. Eigentlich hätte ich bei Gaby schlafen können. An der Strecke standen unendlich viele deutsche Zuschauer, die unsere Namen riefen. Fahnen und Spruchbänder grüßten immer wieder unser Team. Als ich dann auf der Ehrentribüne mein Gelbes Trikot bekam, entdeckte ich ein Gesicht, daß mir bekannt vorkam. Die Organisatoren hatten als Überraschung meine Mutter auf die Bühne gelassen. Sie fiel mir um den Hals und stammelte vor Glück. Wir haben uns Weihnachten zum letzten Mal gesehen. Nun kam sie extra aus Rostock – für diese wenigen Augenblicke.*

*Mein älterer Bruder war für eine kurze Zeit bei einer Massage dabei. Am wichtigsten waren mir aber zehn ruhige Minuten mit Gaby. Für einen Moment hatte ich den Wunsch, den Trubel einfach zu verlassen und irgendwo mit ihr ganz allein zu sein. Sie hat mir von der Belagerung durch die Kamerateams in Merdingen erzählt. Sie warten stundenlang vor dem Haus ihrer Eltern, bis sich jemand zeigt, über den die Reporter herfallen können. Gaby ärgert sich natürlich darüber. Sie* möchte ihre Ruhe haben und ein ganz normales Leben führen. Das möchte ich eigentlich auch. Aber vor allem will ich die Tour de France gewinnen. Da muß ich den Rummel wohl in Kauf nehmen.

Wir wollen uns nächste Woche in einem Landhotel in Holland verstecken. Wenn es mir gut geht, fahre ich ein paar Kriterien und verdiene Geld. Wenn ich mich noch erholen muß, trainiere ich nur ein bißchen und bleibe bei Gaby. Da freue ich mich jetzt schon drauf.

### 24. Juli (Colmar – Montbeliard über 164 km)

Als ich heute in den Vogesen über den »Ballon d'Alsace«, den letzten Berg der Tour, fuhr, war ich sehr erleichtert. Eigentlich kann jetzt nichts mehr passieren. Mir war zum ersten Mal so, als könne ich von dort oben schon bis nach Paris sehen. Das Schlimmste ist überstanden.

Und doch war heute die härteste Etappe für mich. Ich habe es geahnt und hatte richtig Bammel. Das Gelbe Trikot war nicht gefährdet. Aber ich konnte zum ersten Mal den Antritt von Festina nicht mitgehen. Virenque und die anderen wichtigen Leute wie Pantani und Olano waren alle vorne. Udo Bölts und ich sind dann in der zweiten Gruppe alleine gefahren. Udo hat hinterher erzählt, er hätte mich angeranzt, damit ich mich zusammenreiße und kämpfe. Ich habe das aber gar nicht gehört. Er half mir beim Hinterherfahren, so daß wir nie mehr als 45 Sekunden Rückstand hatten. Am »Grand Ballon« vielleicht noch 30 Sekunden. Ich glaube, es bestand nicht die Gefahr, das Gelbe Trikot zu verlieren, aber die, Zeit einzubüßen. Das hängt mit der Erkältung zusammen, auch mit dem Rummel jeden Abend. Ich schlafe inzwischen schlecht und kann nicht mehr abschalten. Dann liegst du im Bett, bist total müde und erschöpft, aber die Gedanken kreisen. Von morgens bis abends unter Druck, da kommst du auch nachts nicht mehr zur Ruhe.

### 25. Juli (Montebeliard – Dijon über 172 km)

Ich bin älter geworden während dieser Tour. Daran ist vor allem der Streß schuld. Er ist schlimmer, als ich es er-

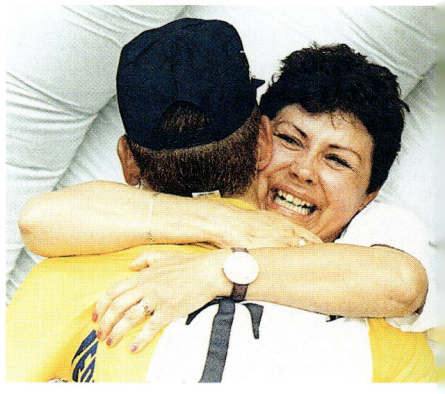

Eine Mutter schließt ihren Sohn überglücklich in ihre Arme und wird nach dem Ende der Tour, die ihr Jan gewinnt, sagen: »Ich bin froh, daß nun alles vorbei ist. Das ist wie eine Erlösung.«

## 16. ETAPPE

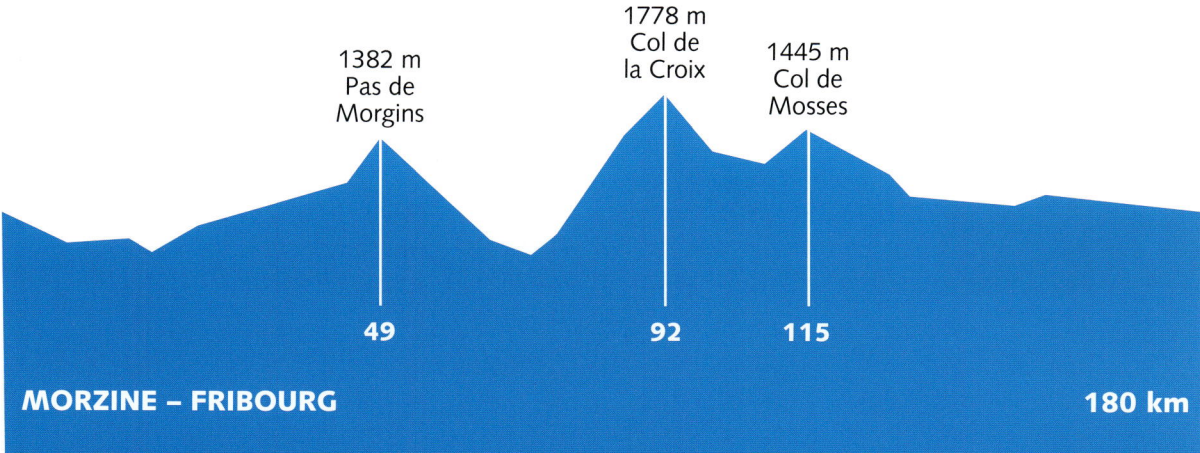

1382 m
Pas de
Morgins

1778 m
Col de
la Croix

1445 m
Col de
Mosses

49     92     115

**MORZINE – FRIBOURG**     **180 km**

Endlich einmal ist eine Festina-Attacke voll aufgegangen. Didier Rous genießt seinen Erfolg

So sieht ein Überraschungs-Sieger aus: Der Franzose Christophe Mengin (rechts außen) hat allerdings mit dem Ausgang der Tour nichts zu tun – Platz 48 mit 2:06:57 Stunden Rückstand

wartet hatte. Voriges Jahr bei Bjarne habe ich auch gesehen, daß er immer als letzter zum Essen kam. Aber so habe ich mir das nicht vorgestellt. Jeden Tag passiert im Moment Spektakuläres. Heute drängelte Jens Heppner mit dem Holländer Voskamp, als sie um den Etappensieg kämpften. Die Jury deklassierte beide. Eine Entscheidung, die ich nicht verstehe. Jens ist total sauer und würde am liebsten nach Hause fahren. Nur wenigen Fahrern wünsche ich einen großen Sieg so sehr wie »Heppe«, der mir als Zimmerkumpel ein noch besserer Freund geworden ist. Er hat mich in den letz-

ten drei Wochen so oft aufgemuntert. Heute konnte ich mich revanchieren. Der Etappensieg beim Zeitfahren morgen ist mir eigentlich egal. Ich würde gerne meinen sicheren Vorsprung verteidigen. Virenque und Pantani sind ja keine Spezialisten im Kampf gegen die Uhr. Wenn Induráin da 6:22 Minuten hinter mir liegen würde, wäre das schon etwas anderes. Ich spüre, daß in meinem Umfeld ein Sieg, nicht nur morgen, erwartet wird. Aber ich habe meine Einstellung nicht geändert: Bevor ich in Paris nicht die Ziellinie überquert habe, glaube ich an gar nichts ...

So lümmelt sich ein zukünftiger Tour-Sieger im Schnellzug nach Paris – rechts der zweite sportliche Leiter des Teams Telekom, Rudy Pevenage. Noch stehen zwei Etappen an…

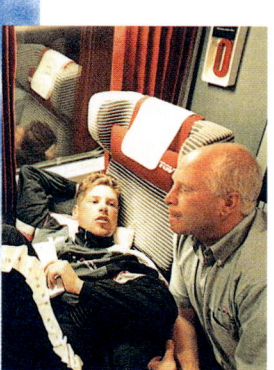

## 18. ETAPPE

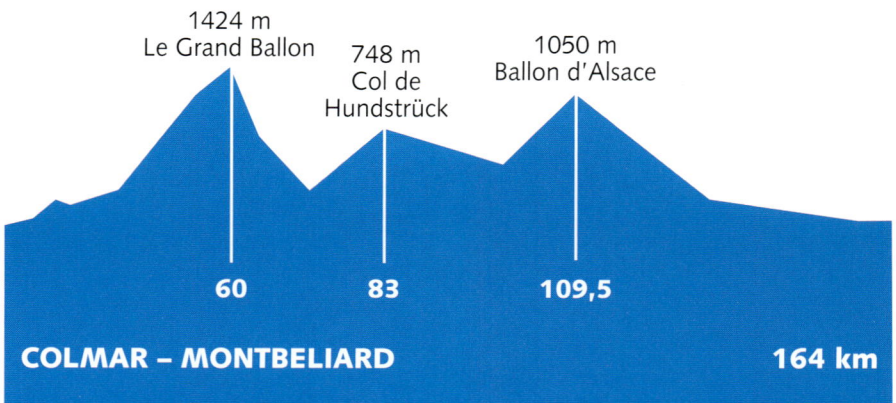

1424 m
Le Grand Ballon

748 m
Col de
Hundsträck

1050 m
Ballon d'Alsace

60

83

109,5

**COLMAR – MONTBELIARD**

**164 km**

## Erfolge der Tour-Mannschaft des Teams Telekom 1997

| | |
|---|---|
| **Bjarne Riis** | *1. Amstel Gold Race, 2. Rund um den Henniger Turm, 2. Dänische Meisterschaft im Zeitfahren* |
| **Jan Ullrich** | *Bergkönig der Aragon-Rundfahrt, 4. Etappe und 3. Platz Tour de Suisse, Deutscher Meister* |
| **Erik Zabel** | *1. Etappe der Mallorca-Rundfahrt, 1. Etappe und Gesamtsieg der Ruta del Sol, Trofeo Luis Puig, 3. Etappe der Valencia-Rundfahrt, Kriterien in Aix-en-Provence und in Unna, Mailand – San Remo, Grand Prix Schoten, 1. Etappe der Luxemburg-Rundfahrt, 2. und 4. Etappe der Bayern-Rundfahrt, 2. Etappe der Tour de Suisse, 3., 7. und 8. Etappe sowie das Sprintertrikot der Tour de France* |
| **Giovanni Lombardi** | *4. Etappe beim Tirreno – Adraitico und 1. Etappe der Bicicletta Vasca* |
| **Rolf Aldag** | *8. Etappe der Tour de Suisse, 2. Deutsche Meisterschaft* |
| **Udo Bölts** | *Gesamtsieg beim Dauphine Libere, Grand Prix Gippingen, Colmar – Strasbourg, 5. Etappe der Bicicletta Vasca* |
| **Georg Totschnig** | *Staatsmeister Österreichs auf der Straße und im Zeitfahren, 2. der Gesamtwertung beim Midi Libre* |
| **Christian Henn** | *3. Etappe und Gesamtsieg bei der Bayern-Rundfahrt* |
| **Jens Heppner** | *5. Etappe bei Dauphine Libere* |

## Die Mannschaftszusammensetzungen bei der Tour de France

*1903 – 1929*
  *Einzelstarter*
*1930 – 1961*
  *National- und Regionalmannschaften*
*1961 – 1966*
  *Fabrikteams*
*1967 – 1968*
  *Nationalmannschaften*
*seit 1969*
  *Fabrikteams*

… doch für die zahllosen deutschen Zuschauer steht bereits fest, wer der neue »Sonnenkönig« sein wird

It's Showtime now –
vor der letzten Etappe
der Tour '97 Starparade
in Disneyland

»Paris grüßt den neuen Sultan des Sattels.«

DAILY MAIL

»Volle Pulle, Jan!«

116

# Wer ist der König der Tour?

**E**s lebe der König! Jan Ullrich besteigt in Paris den Thron der Radfahrer. Die längste Bergetappe mit der unmenschlich schweren Ankunft in Andorra-Arcalis wurde seine Beute. Den größten Vorsprung in einem Zeitfahren der Tour de France erstrampelte er mit 3:04 Minuten in St. Etienne und stillte damit seinen Hunger auf Etappensiege. In Alpe d'Huez Zweiter hinter Pantani, in Courchevel großzügiger Verlierer gegen Virenque, in Disneyland wieder Zweiter hinter Olano. Nicht unbesiegt, aber unbeeindruckt und unbedrängt gewann Jan Ullrich. Und so geschah es in diesem Jahrhundert doch noch, daß Deutschland in einen Tour-Taumel fiel, weil sich ein Tour-Traum erfüllte. Ein neuer Star ist geboren.

## Ein Star für das Geschichtsbuch

Dieser Erfolg ist vergleichbar mit dem Box-Weltmeistertitel von Max Schmeling im Schwergewicht 1930 gegen Jack Sharkey, dem 3:2-Sieg im Endspiel der Fußball-WM 1954 gegen Ungarn, dem Triumph von Boris Becker in Wimbledon 1985 oder dem Sieg Michael Schumachers in der Formel 1 1994. Es kann in den nächsten Jahren durchaus weitere Siege deutscher Radrennfahrer bei der Tour de France geben. Aber keiner wird mehr für sich in Anspruch nehmen können, es als Erster geschafft zu haben. Seit dem 27. Juli 1997 ist dieser Platz durch Jan Ullrich besetzt.

## Ein Star für die Fans

So viele Deutsche waren vielleicht noch nie auf den Pariser Champs-Élysées. Ein Fahnenmeer in Schwarz-Rot-Gold wehte durch die französische Hauptstadt, als 139 von 198 Radprofis den letzten der 3870 Kilometer beendeten. In der Nacht danach war die Autobahn verstopft durch Autos, die »Jan« ins Heckfenster geschrieben hatten.

Das Orakel der L'Equipe: Jan Ullrich wird der Fünf-Sterne-General der »Großen Schleife« werden – und er ist es geworden!

Am Montag warten auf dem Bonner Marktplatz 20.000 in »Magenta-Weiß« auf die Helden der »Tour de Telekom«. Die ARD überträgt live. So ein Empfang war bisher noch keinem deutschen Radfahrer vergönnt: Rudi Altig nicht, als er die Weltmeisterschaft gewann. Olaf Ludwig auch nicht, als er Olympiasieger wurde. Jan Ullrich steht im Mittelpunkt des Jubels.

In Merdingen berät der Gemeinderat über den Empfang seines berühmtesten Einwohners. Die 2500-Seelen-Gemeinde am Tuniberg plant eine Überraschung. Durch den Ort geistert das Gerücht, daß der Burgunderweg, in dem der Tour-Sieger wohnt, in Jan-Ullrich-Straße umbenannt werden soll.

## Ein Star für den Radsport

Innerhalb von drei Wochen schiebt einer seine Sportart aus dem Schatten ins Rampenlicht. Stundenlange Sendezeiten mit bis zu sechs Millionen Zuschauern und Marktanteilen von 60 Prozent, seitenlange Sonderdrucke in den Zeitungen und tagelange Feiern deutscher Fans an den Straßen der Tour kündigen einen Boom des Radsports an. Der Vergleich mit dem »Bum-bum-Effekt« von Boris Becker wird angestellt.

Auch er stand Jan in den schweren Tour-Wochen zur Seite: Wolfgang Strohband, Manager und väterlicher Freund

Der Präsident des Bundes Deutscher Radfahrer, Böhmer, träumt von großzügigen Sponsoren für eine wiederbelebte Deutschland-Rundfahrt. Der Radsport-Weltverband UCI hat schon einen Platz im Kalender reserviert. Der Verband der Fahrrad- und Motorradindustrie erhofft für seine Branche kräftige Verkaufsimpulse. Hauptgeschäftsführer Schmidt vermutet, daß Jan Ullrichs Erfolg viele der 63 Millionen deutschen Fahrradbesitzer zu einem Neukauf verführen wird.

## Ein Star für die Wirtschaft

Für die Aktiengesellschaft »Deutsche Telekom« soll sich ihr Sponsoring nun verzinsen. Vorstandschef Sommer freut sich in Paris über Ullrichs Aufstieg im Radsport und Telekoms Anstieg auf dem Börsenmarkt. In zehn Telefonläden gibt es ab sofort auch Fanartikel – für Radfahrer. Neben den Anrufbeantwortern hängen jetzt Fahrradhelme, Hosen und Hemden, neben dem Faxgerät Handschuhe und Fahrradcomputer im Telekom-Design.

Aber auch Jan Ullrich wird vom wirtschaftlichen Aufschwung profitieren, den er selbst ausgelöst hat. Sein Gehalt klettert von geschätzten 600.000

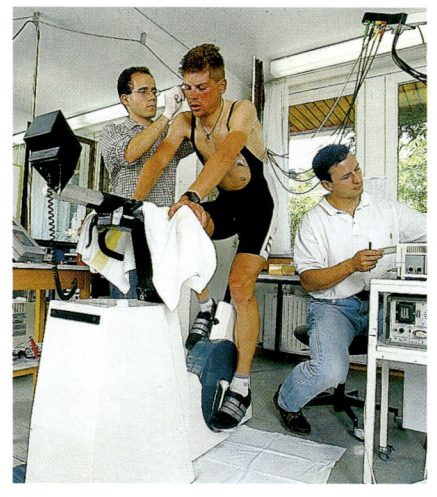

DM beim Team Deutsche Telekom auf mindestens das Dreifache. Sein internationaler Marktwert liegt bei über vier Millionen Mark pro Jahr. Bei den lockeren Kriterien in Belgien und den Niederlanden kassiert ein Tour-de-France-Sieger bis zu 60.000 DM für 90 Kilometer. Ullrichs Manager Wolfgang Strohband kann auswählen zwischen den finanzkräftigen Sponsoren. Mit millionenschweren Nebenverdiensten locken bereits ein Bankhaus und ein Modekonzern. Jan Ullrich liegt im Trend.

Dreimal höchste Belastung: Ergometer-Test (links), Warmfahren auf der Rolle und voller Speed im abschließenden Zeitfahren der 97er Tour (unten)

## Ein Star für die Mediziner

»Es gibt keine körperlich härtere Herausforderung auf der Welt als die Tour de France«, sagt der Präsident des Weltverbandes der Sportmediziner Hollmann. Jan Ullrich hat dieses Herausforderung mit einem Körper bestanden, der ein kleines Kraftwerk ist. Er verbraucht bei schweren Bergetappen bis zu 12.000 Kalorien. Zum Vergleich: Ein Tennisspieler verbrennt in einem Match pro Stunde ungefähr 1500 Kalorien. Die Fähigkeit, seinen Energiehaushalt in kürzester Zeit wieder aufzufrischen, zeichnet Jan Ullrich aus. Sein Herz hat einen Ruhepuls von 35, kann aber bis zu einer Frequenz von 198 belastet werden.

Trotzdem hat der Sieger der Tour seine körperlichen Reserven massiv angegriffen. Mit 73 Kilogramm ging er ins Rennen, während dessen er bis auf 69 Kilogramm abgemagert ist. Vielleicht stimmt es doch nicht ganz, daß der menschliche Körper sich an Belastungen gewöhnt, wenn er ihnen regelmäßig ausgesetzt ist.

»Deutscher Traum-
prinz. Auf den
Champs-Élysées lag
ihm die Radwelt zu
Füssen.«
ALGEMEEN DAGBLAD

Kapitel zwei der
hoffentlich unendlichen
Geschichte von
Bjarne & Jan.
»Ich habe gesehen, Jan
ist der Beste. So habe
ich alles getan, damit er
gewinnt«, so der Vor-
jahressieger Riis über
seinen Nachfolger. Die
Momentaufnahmen
nach dem Finale in Paris
sind Dokumente einer
beeindruckenden
Freundschaft zweier
Rivalen

»Ein Deutscher
nimmt Paris ein.
Ullrich schreibt
Geschichte.«
EL MUNDO

Der Arc de Triomphe ist
in Sichtweite – der letzte
Sprint ist angesagt

# Mein Tour-Tagebuch

## 26. Juli (Zeitfahren in Disneyland, Paris über 63 km)

Das »Wunderrad« – heute durfte ich zum ersten Mal im Rennen damit fahren. Unser Ausrüster »Pinarello« hat diese Zeitfahrmaschinen extra in Treviso für uns gebaut. Es gibt nur drei maßgeschneiderte Exemplare: Abraham Olano von Banesto, Bjarne Riis und ich haben sie bekommen. In die Entwicklung wurden vorher 100.000 DM investiert. Das Material ist nur vom Feinsten: Büffelleder für den Sattel, Karbon für die Felgen. Die beim Prolog verbotene Verkleidung von Hinterrad und Schaltung wurde beseitigt. Die edlen Stücke sollen nun 20.000 DM kosten. Die Konstrukteure sagen, daß man mit so einem Rad pro Kilometer eine Sekunde schneller ist. Ich glaube manchmal, wichtiger als Aerodynamik und Kraftvektoren ist der Gedanke, daß ich wirklich auf dem modernsten Fahrrad sitze, daß es gibt.

Die Meinungen über moderne Radtechnik gehen auseinander. Udo Bölts bezeichnet alles als »Schnickschnack«. Er bleibt unseren alten Zeitfahrrädern treu. Bjarne hatte heute Pech mit seinem neuen Rad: Erst stolperte er vor dem Einschreiben, dann können Probleme an der Schaltung nicht mehr vor dem Start repariert werden, Bjarne fährt mit dem Ersatzrad los. Als er wieder umsteigen will, verhakt sich die Kette. In diesem Moment entlädt sich bei ihm der ganze Frust und Ärger über seine Tour. Er wirft das verfluchte Rad in hohem Bogen in den Straßengraben. Ich habe diese Bilder abends im ZDF-Sportstudio zum ersten Mal gesehen und hatte vollstes Verständnis. Sturzpech, Krankheit, nun Defekt – Bjarne Riis blieb bei dieser Tour de France nichts erspart.

Auf der letzten Etappe ist schon mal Zeit für eine Modenschau; im Bild die Männer in den begehrten Trikots: Zabel, Ullrich und Virenque (von links)

Der Traum eines jeden Sprinters: Einmal auf den Champs-Élysée gewinnen. Diesmal erfüllte sich der Italiener Nicola Minali diesen Wunsch – und Erik Zabel (ganz links) war »Neese«, wie der Berliner sagt

Ich konnte das Zeitfahren in Disneyland bei Paris nicht gewinnen. Abraham Olano war eindeutig der Schnellste, übrigens auch auf der neuen Zeitfahrmaschine. Ich fuhr 45 Sekunden langsamer. Aber der Etappensieg war heute für mich sowieso nicht das Wichtigste. Als ich zehn Kilometer vor dem Ziel zum ersten Mal Richard Virenque vor mir sah, waren alle meine Wünsche erfüllt. Ich habe meinen Vorsprung noch einmal um fast drei Minuten vergrößern können. Was will ich denn mehr ?

Abends im Hotel bin ich noch einmal von Zimmer zu Zimmer gegangen. Es war mir ein tiefes Bedürfnis, den Jungs zu danken. Ich bin immer wieder tief beeindruckt, wie das ganze Team für mich geschuftet hat. Mit irgendwelchen materiellen Dingen kann man diesen Dank überhaupt nicht aufwiegen. Soviel Geld gibt es gar nicht. Also kann ich nur hingehen und immer wieder betonen, wie sehr ich

die Arbeit von meinen acht Kollegen schätze. Es ist so ein tolles Gefühl, morgen mit der besten Mannschaft der Welt nach Paris zu rollen.

### 27. Juli (Disneyland – Paris über 150 km)

Die Schlußetappe ist wirklich einzigartig. Darauf freut man sich die ganze Tour. Schon während der ersten Kilometer kommen andere Fahrer und gratulieren mir zum Tour-Sieg. Heute wird nicht mehr angegriffen. Heute wird Spaß gemacht. Der Franzose Bourguignon hat sich die Haare gefärbt, beim Direktions-Auto von Jean-Marie Leblanc gibt es Champagner, Richard Virenque, Erik Zabel und ich posieren in den Trikots der Tour für die Motorradfotografen. Alle sind locker und lustig und glücklich, daß wir es überstanden haben. Da ist es völlig egal, ob man Paris als 139. oder im Gelben Trikot erreicht.

Dann fahren wir durch die Randbezirke von Paris, über den Place de la Bastille und erreichen zum ersten Mal die Champs-Élysées. Hunderttausende erwarten uns. Das ist das Größte. Es läuft mir kalt den Rücken herunter, die Haare stehen mir zu Berge, die Beine werden weich. Ich zwinge mich, konzentriert zu bleiben. Zum einen wollen wir versuchen, doch noch die 18 Ausreißer einzufangen, um für Erik Zabel den Spurt anzuziehen. Zum anderen schaue ich immer wieder abwechselnd auf mein Vorder- und Hinterrad, weil ich Angst vor einem Defekt habe. Zehn Runden auf den Champs-Élysées sind noch einmal 65 Kilometer. Sie vergehen viel zu

schnell. Mit den Champs-Élysées verbinde ich auch meine ersten Erlebnisse mit der Tour de France. Das muß 1989 gewesen sein, als sich Greg LeMond und Laurent Fignon diese spannende Schlacht beim abschließenden Zeitfahren geliefert haben. Ich war 15 und wohnte im Internat der Sportschule in Berlin. Wir haben uns den Schlüssel für den Fernsehraum besorgt und heimlich im Westfernsehen das Zeitfahren nach Paris geguckt. Greg LeMond gewann mit acht Sekunden Vorsprung. Es war wahnsinnig spannend.

Nun komme ich selbst im Gelben Trikot auf diese berühmteste Straße von Paris. Mit einem Mal geht alles ganz schnell: Massenspurt, Interviews, Siegerehrung. Erik hat leider verloren gegen den Italiener Minali, aber er bleibt der beste Sprinter dieser Tour. Deshalb gehört ihm auch das Grüne Trikot. Erst die Zeremonie für die Etappe, dann für die Gesamtwertung, dann für den besten Nachwuchsfahrer, dann für das beste Team. Als ich zum vierten Mal auf das Podium klettere und Virenque und Pantani neben mir stehen, da erklingt die Nationalhymne. Ich versuche meine Gedanken für später festzuhalten, aber es gelingt mir nicht. Da stehst du da oben, hörst die Musik, kämpfst mit den Tränen – und bist einfach nur glücklich. Ich habe die Tour de France gewonnen. Mehr gibt es nicht.

»Alles roger, Gaby,« scheint Jan seiner Freundin zu übermitteln. Stunden später erwartet die 25jährige ihren Tour-Sieger mit einem verdienten Siegerkuß. Welch' eine süße Belohnung nach 3870 Kilometern Radfahren! Versprochen hat sie ihrem Mann mit dem Ring im Ohr auch sein Lieblingsessen: frische grüne Heringe in süßsaurer Mehlschwitze

Die drei Giganten der
Landstraße 1997:
Richard Virenque (2.),
Jan Ullrich (1.) und
Marco Pantani (3.)

126

**Das Alter berühmter Sieger bei ihrem ersten Gelben Trikot**

| | | |
|---|---|---|
| Laurent Fignon | 22 Jahre und elf Monate | (1983) |
| Jacques Anquetil | 23 Jahre und sechs Monate | (1957) |
| Jan Ullrich | 23 Jahre und sieben Monate | (1997) |
| Bernard Hinault | 23 Jahre und acht Monate | (1978) |
| Eddy Merckx | 24 Jahre und einen Monat | (1969) |
| Greg LeMond | 25 Jahre und einen Monat | (1986) |
| Miguel Induráin | 27 Jahre | (1991) |

**Der Vorsprung der Sieger seit 1984**

| | | |
|---|---|---|
| 1984 | Fignon vor Hinault | 10:32 Minuten |
| 1985 | Hinault vor LeMond | 1:42 Minuten |
| 1986 | LeMond vor Hinault | 3:10 Minuten |
| 1987 | Roche vor Delgado | 40 Sekunden |
| 1988 | Delgado vor Rooks | 7:13 Minuten |
| 1989 | LeMond vor Fignon | 8 Sekunden |
| 1990 | LeMond vor Chiappucci | 2:16 Minuten |
| 1991 | Induráin vor Bugno | 3:36 Minuten |
| 1992 | Induráin vor Chiappucci | 4:35 Minuten |
| 1993 | Induráin vor Rominger | 4:59 Minuten |
| 1994 | Induráin vor Ugrjumow | 5:39 Minuten |
| 1995 | Induráin vor Zülle | 4:35 Minuten |
| 1996 | Riis vor Ullrich | 1:41 Minuten |
| 1997 | Ullrich vor Virenque | 9:09 Minuten |

Zwischen diesen beiden Fotos liegen 93 Jahre: Henri Cornet gewann 1904 die Tour und ist bis heute der jüngste Sieger der »Großen Schleife«. Jan Ullrich, hier mit Sieger-Pokal, ist der erste deutsche Tour-Gewinner

**Die jüngsten Sieger der Tour**

| | | |
|---|---|---|
| Henri Cornet | 19 Jahre und elf Monate | (1904) |
| Romain Maes | 21 Jahre und elf Monate | (1935) |
| Francois Faber | 22 Jahre und sechs Monate | (1909) |
| Octave Lapiz | 22 Jahre und neun Monate | (1910) |
| Felice Gimondi | 22 Jahre und elf Monate | (1964) |
| Laurent Fignon | 22 Jahre und elf Monate | (1983) |
| Jacques Anquetil | 23 Jahre und sechs Monate | (1957) |
| Jan Ullrich | 23 Jahre und sieben Monate | (1997) |

# Statistik Tour '97

# Die Teams

## Länderabkürzungen

AUS – Australien
AUT – Österreich
BEL – Belgien
CAN – Canada
COL – Colmbien
CZE – Tschechien
DEN – Dänemark
ESP – Spanien
EST – Estland
FIN – Finnland
FRA – Frankreich
GBR – Großbritannien
GER – Deutschland
ITA – Italien
KAZ – Kasachstan
MEX – Mexico
MON – Monaco
NED – Niederlande
POL – Polen
POR – Portugal
RUS – Rußland
SMR – San Marino
SUI – Schweiz
UKR – Ukraine
USA – Vereinigte Staaten
        von Amerika
UZB – Usbekistan

## 1. Telekom (GER)
Sportliche Leiter: Walter Godefroot, Rudy Pevenage
1 Bjarne Riis (DEN)
2 Rolf Aldag (GER)
3 Udo Bölts (GER)
4 Christian Henn (GER)
5 Jens Heppner (GER)
6 Giovanni Lombardi (ITA)
7 Georg Totschnig (AUT)
8 Jan Ullrich (GER)
9 Erik Zabel (GER)

## 2. Festina (FRA)
Sportliche Leiter: Bruno Roussel, Michel Gros
11 Richard Virenque (FRA)
12 Gianluca Bortolami (ITA)
13 Laurent Brochard (FRA)
14 Laurent Dufaux (SUI)
15 Pascal Hervé (FRA)
16 Joona Laukka (FIN)
17 Christophe Moreau (FRA)
18 Didier Rous (FRA)
19 Neil Stephens (AUS)

## 3. Mapei-GB (ITA)
Sportliche Leiter: Patrick Lefévre, Pietro Algeri
21 Johann Museeuw (BEL)
22 Oscar Camenzind (SUI)
23 Valentino Fois (ITA)
24 Zenon Jaskula (POL)
25 Daniele Nardello (ITA)
26 Wilfried Peeters (BEL)
27 Tom Steels (BEL)
28 Andrea Tafi (ITA)
29 Franck Vandenbroucke (BEL)

## 4. ONCE (ESP)
Sportliche Leiter: Manolo Saiz, Sebastian Pozo
31 Laurent Jalabert (FRA)
32 Inigo Cuesta (ESP)
33 David Extebarria (ESP)
34 Marcelino Garcia (ESP)
35 Aitor Garmendia (ESP)
36 Javier Mauleon (ESP)
37 Roberto Sierra (ESP)
38 Mikel Zarrabeitia (ESP)
39 Alex Zülle (SUI)

## 5. MG-Technogym (ITA)
Sportliche Leiter: Giancarlo Ferretti, Serge Parsani
41 Michele Bartoli (ITA)
42 Fabio Baldato (ITA)
43 Carlo Finco (ITA)
44 Fabiano Fontanelli (ITA)
45 Angelo Lecchi (ITA)
46 Nicola Loda (ITA)
47 Luca Scinto (ITA)
48 Gilberto Simoni (ITA)
49 Matteo Tosatto (ITA)

## 6. Polti (ITA)
Sportliche Leiter: Gianluigi Stanga, Vittorio Algeri
51 Luc Leblanc (FRA)
52 Rossano Brasi (ITA)
53 Inigo Charreau (ESP)
54 Mirco Crepaldi (ITA)
55 Gerrit de Vries (NED)
56 Mirco Gualdi (ITA)
57 Giuseppe Guerini (ITA)
58 Sergei Utschakow (UKR)
59 Gianluca Valoti (ITA)

## 7. Cofidis (FRA)
Sportliche Leiter: Cyrille Guimard, Bernard Quilfen
61 Toni Rominger (SUI)
62 Frankie Andreu (USA)
63 Laurent Desbiens (FRA)
64 Phillippe Gaumont (FRA)
65 Nicolas Jalabert (FRA)
66 Bobby Julich (USA)
67 Kevin Livingston (USA)
68 Christophe Rinero (FRA)
69 Cyril Saugrain (FRA)

## 8. La Francaise des Jeux (FRA)
Sportliche Leiter: Marc Madiot, Yvon Madiot
71 Mauro Gianetti (SUI)
72 Frédéric Guesdon (FRA)
73 Stephane Heulot (FRA)
74 Christophe Mengin (FRA)
75 Damien Nazon (FRA)
76 Andrea Peron (ITA)
77 Davide Rebellin (ITA)
78 Maximilian Sciandri (ITA)
79 Flavio Vanzella (ITA)

## 9. Roslotto (RUS)
Sportliche Leiter: Massimo Ghirotto, Nikolai Gorelov
81 Alexander Gontschenkow (RUS)
82 Wjatscheslaw Dschawanian (RUS)
83 Marco Fincato (ITA)
84 Witali Kokorin (RUS)
85 Pavel Pardnos (CZE)
86 Torsten Schmidt (GER)
87 Daniele Sgnaolin (ITA)
88 Massimo Strazzer (ITA)
89 Marco Zen (ITA)

## 10. GAN (FRA)
Sportliche Leiter: Roger Legeay, Christian Beucherie
91 Chris Boardman (GBR)
92 Frédéric Moncassin (FRA)
93 Stuart O'Grady (AUS)
94 Eros Poli (ITA)
95 Arnaud Pretot (FRA)
96 Gérard Rué (FRA)
97 Francois Simon (FRA)
98 Cédric Vasseur (FRA)
99 Henk Vogels (AUS)

## 11. TVM (NED)
Sportliche Leiter: Cees Priem, Hendrik Redant
101 Maarten den Bakker (NED)
102 Jeroen Blijlevens (NED)
103 Bo Hamburger (DEN)
104 Tristan Hoffmann (NED)
105 Servais Knaven (NED)
106 Laurent Roux (FRA)
107 Jesper Skibby (DEN)
108 Peter van Petegem (NED)
109 Bart Voskamp (DEN)

## 12. Saeco (SMR)
Sportliche Leiter: Antonio Salutini, Bruno Vicino
111 Ivan Gotti (ITA)
112 Phillipp Buschor (SUI)
113 Francesco Casagrande (ITA)
114 Mario Cipollini (ITA)
115 Gian Matteo Fagnini (ITA)
116 Paolo Fornaciari (ITA)
117 Dario Frigo (ITA)
118 Giorgio Furlan (ITA)
119 Massimiliano Lelli (ITA)

**13 Rabobank (NED)**
Sportliche Leiter: Theo de Rooy, Adrie van Houwelingen
121 Peter Luttenberger (AUT)
122 Michael Boogerd (NED)
123 Erik Breukink (NED)
124 Erik Dekker (NED)
125 Patrick Jonker (AUS)
126 Robbie McEwen (AUS)
127 Danny Nelissen (NED)
128 Rolf Sörensen (DEN)
129 Leon van Bon (NED)

**14. Casino (FRA)**
Sportliche Leiter: Vincent Lavenu, Laurent Biondi
131 Alberto Elli (ITA)
132 Christophe Agnelutto (FRA)
133 Lauri Aus (EST)
134 Pascal Chanteur (FRA)
135 Fabrice Gougot (FRA)
136 Rolf Järmann (SUI)
137 Arturas Kasputis (LTU)
138 Jaan Kirsipuu (EST)
139 Marco Saligari (ITA)

**15. Batik-del-Monte (MON)**
Sportliche Leiter: Emmanuele Bombini, Guido Bontempti
141 Jewgeni Berzin (RUS)
142 Andrea Brognara (ITA)
143 Bruno Cenghialta (ITA)
144 Luca Colombo (ITA)
145 Francesco Frattini (ITA)
146 Nicola Minali (ITA)
147 Jon Odriozola (ESP)
148 Gianluca Pierobon (ITA)
149 Giuseppe Tartaggia (ITA)

**16. Banesto (ESP)**
Sportliche Leiter: Eusebio Unzue, Jose-Luis Jaimerena
151 Abraham Olano (ESP)
152 Marino Alonso (ESP)
153 José Luis Arrieta ( ESP)
154 Manuel Beltran (ESP)
155 Santiago Blanco (ESP)
156 Angel Luis Casera (ESP)
157 Vicenta Garcia-Acosta (ESP)
158 José Maria Jimenez (ESP)
159 Orlando Rodrigues (POR)

**17 Lotto (BEL)**
Sportliche Leiter: Jean-Luc Vandenbroucke, Jos Braeckevelt
161 Laurent Madouas (FRA)
162 Dschamolidin Abduschaparow (UZB)
163 Petre Farazijn (BEL)
164 Jo Planckoert (BEL)
165 Benoit Salmon (FRA)
166 Andrej Tschmil (UKR)
167 Andrej Teterjuk (KAZ)
168 Paul van Hyfte (BEL)
169 Marc Wauters (BEL)

**18. Kelme (ESP)**
Sportliche Leiter: Alvaro Pino, Jose Teixeira
171 Fernando Escartin (ESP)
172 Franisco Benitez (ESP)
173 Hernan Buenahora (COL)
174 Francisco Cabello (ESP)
175 Jose' De los Angeles (ESP)
176 Arsenio Gonzalez (ESP)
177 Chepe Gonzalez (COL)
178 Javier Pasqual Rodriguez (ESP)
179 José Angel Vidal (ESP)

**19. Mercatone-Uno (ITA)**
Sportliche Leiter: Giuseppe Martinelli, Alessandro Gianelli
181 Marco Pantani (ITA)
182 Marco Arthunghi (ITA)
183 Roberto Conti (ITA)
184 Oscar Pellicioli (ITA)
185 Giusvan Piovaccari (ITA)
186 Massimo Podenzana (ITA)
187 Marcello Siboni (ITA)
188 Mario Traversoni ITA)
189 Beat Zberg (SUI)

**20. US Postal (USA)**
Sportliche Leiter: Mark Gorski, Johnny Weltz
191 Wjatscheslaw Jekimow (RUS)
192 Adriano Baffi (ITA)
193 Dariusz Baranowski (POL)
194 Pascal Derame (FRA)
195 Tyler Hamilton (USA)
196 George Hincapie (USA)
197 Mary Jemison (USA)
198 Peter Meinert-Nielsen (DEN)
199 Jean-Cyril Robin (FRA)

**21. La Mutuelle de Seine et Marne (FRA)**
Sportliche Leiter: Yvon Sanquer, Jacky Lachévre
201 Jean-Phillippe Dojwa (FRA)
202 Jean-Francois Anti (FRA)
203 Stéphane Cueff (FRA)
204 David Delrieu (FRA)
205 Gordon Fraser (CAN)
206 Claude Lamour (FRA)
207 Gilles Maignan (FRA)
208 Laurent Pillon (FRA)
209 Dominique Rault (FRA)

**22. Big Mat-Auber (FRA)**
Sportliche Leiter: Stéphane Javalet, Pascal Dubios
211 Pascal Lino (FRA)
212 Miguel Arroyo (MEX)
213 Ludovic Auger (FRA)
214 Thierry Bourguignon (FRA)
215 Laurent Genty (FRA)
216 Thierry Gouvenau (FRA)
217 Pascal Lance (FRA)
218 Anthony Morin (FRA)
219 Gilles Talmant (FRA)

Mannschafts-Sieger der Tour '97: das Team Deutsche Telekom. Angesichts der harmonischen Neun soll Konzern-Chef Ron Sommer nach einem Besuch vor Ort doch gleich die Manager-Frage gestellt haben: »Wie kriege ich diesen Geist unter 200 000 Mitarbeiter?«, so FOCUS-Chefredakteur Helmut Markwort

# Ergebnisse

### 84. Tour de France über 3870 km

## Rouen – Prolog in Rouen über 7,3 km

**Etappeneinzel**

*1. Boardman 08:20min,
2. Ullrich 2s zurück, 3. Berzin
4, 4. Rominger 5, 5. Zülle
gleiche Zeit, 6. Meinert-Nielsen 7, 7. Sörensen 10, 8. Olano gleiche Zeit, 9. Brochard
11, 10. Moreau 12, ...
24. Heppner 19s, 50. Zabel
26s, 84. Bölts  35s, 86. Henn
gleiche Zeit, 93. Schmidt 36s,
101. Aldag 37s*

**Grünes Trikot**

*1. Ullrich 12 Punkte (weil
Boardman – 15 Punkte – in
Gelb fährt)*

**Gepunktetes Trikot**

*1. Saugran 5 Punkte*

**Gesamtmannschaft**

*1. Telekom 25:36min*

## 1. Etappe, Rouen – Forges-les-eaux  (192 km)

**Etappeneinzel**

*1. Cipollini 4:39:59h,
2. Boardman 10s zurück,
3. Ullrich 12, 4. Rominger 15,
5. Olano 20, 6. Steels 24,
7. Knaven 25, 8. Dekker 27,
9. Camenzid 27, 10. Vandenbroucke 28, ... 12. Heppner
29, 20. Zabel 35, 32. Bölts
45, 85. Schmidt 1:44min,
87. Aldag 1:46, 179. Henn
5:14*

Zwei Mann im »Maillot
jaune« des Spitzenreiters,
das Henri Desgrangé,
der Organisator der
ersten Tour de France
(1903) sechzehn Jahre
später einführte: Prolog-
Chef Chris Boardman
(rechts) und Cédric
Vasseur »hoch zu Ross«
(oben)

## Gesamteinzel

*1. Cipollini 4:48:09h,
2. Boardman 10s zurück,
3. Ullrich 12s, ... 12. Heppner
29s, 20. Zabel 35s, 32. Bölts
45s, 85. Schmidt 1:44min
zurück, 87. Aldag 1:46,
179. Henn 5:14*

**Grünes Trikot**

*1. Cipollini 43 Punkte*

**Gepunktetes Trikot**

*Brochard und Kasputis je 10
Punkte*

**Gesamtmannschaft**

*1. Telekom 14:25:33h*

## 2. Etappe, Valery-en-Caux – Vire (262 km)

**Etappeneinzel**

*1. Cipollini 6:27:47h, 2. Zabel,
3. Blijlevens, 4. Moncassin,
5. Utschakow, 6. Baffi, 7. Lamour, 8. Vogels, 9 McEwen,
10. Strazzer, ... 19. Aldag,
38. Ullrich, 73. Heppner,
94. Henn, 106. Bölts,
141. Schmidt alle gleiche Zeit*

**Gesamteinzel**

*1. Cipollini 11:15:30h,
2. Boardman 36s zurück,
3. Ullrich 38, ... 8. Zabel 49,
15. Heppner 55, 31. Bölts
1:11min zurück, 82. Schmidt
2:10, 84. Aldag 2:12,
175. Henn 5:40*

**Grünes Trikot**

*1. Cipollini 84 Punkte*

**Gepunktetes Trikot**

*1. Brochard 18 Punkte*

**Gesamtmannschaft**

*1. Telekom 33:48:54h*

## 3. Etappe, Vire – Plumelec (217 km)

**Etappeneinzel**

*1. Zabel 4:45:44h, 2. Vandenbroucke, 3. Riis, 4. Jalabert,
5. Rebellin, 6. Olano, 7. Robin, 8. Ullrich, 9. Dufaux,
10. Chanteur alle gleiche Zeit,
...62. Heppner 1:31min
zurück, 115. Henn 2:57,*

*173. Bölts 8:15, 178. Aldag
gleiche Zeit, 193. Schmidt
14:36*

**Gesamteinzel**

*1. Cipollini 16:10:12h, 2. Zabel 14s zurück, 3. Boardman
27s, ... 4. Ullrich 29s,
41. Heppner 2:17min
zurück, 145. Henn  8:28,
156. Bölts 9:17, 165. Aldag
10:18, 193. Schmidt 16:37*

**Grünes Trikot**

*1. Zabel 95 Punkte*

**Gepunktetes Trikot**

*1. Brochard 28 Punkte*

**Gesamtmannschaft**

*1. Telekom  48:32:33h*

## 4. Etappe, Plumelec – Le Puy du Fou  (225 km)

**Etappeneinzel**

*1. Minali 5:46:42h, 2. Moncassin, 3. Zabel, 4. Cipollini,
5. Blijlevens, 6. Baldato,
7. Kirsipuu, 8. O`Grady,
9. McEwen, 10. Loda, ...
30. Ullrich, 69. Bölts,
70. Aldag alle gleiche Zeit,
89. Heppner 31s zurück,
116. Henn gleiche Zeit,
187. Schmidt 6:50min zurück*

**Gesamteinzel**

*1. Cipollini 21:56:46h, 2. Zabel 4s zurück, 3. Boardman
35, ... 4. Ullrich 37, 41. Heppner 2:56min zurück, 143. Henn*

9:07, 145. Bölts 9:25,
156. Aldag 10:36,
188. Schmidt 23:35
**Grünes Trikot**
1. Zabel 131 Punkte
**Gepunktetes Trikot**
1. Brochard 33 Punkte
**Gesamtmannschaft**
1. Telekom 55:52:39h

### 5. Etappe, Chantonnay – La Chatre (257 Km)
**Etappeneinzel**
1. Vasseur 6:16:44h,
2. O`Grady 2:32min zurück,
3. Cabello, 4. Artunghi,
5. Meinert-Nielsen, 6. Bou-
guignon, 7. Gougot, 8. Cueff,
9. Zen, 10. Hamburger alle
gleiche Zeit, ... 13. Zabel
3:24min zurück, 30. Schmidt ,
38. Ullrich, 74. Heppner,
96. Aldag, 98. Bölts,
174. Henn alle gleiche Zeit
**Gesamteinzel**
1. Vasseur 28:14:35h,
2. Cipollini 2:17min zurück,
3. Zabel 2:19, ... 5. Ullrich
2:56, 43. Heppner 5:15,
142. Henn 11:26, 144. Bölts
11:44, 155. Aldag 12:55,
187. Schmidt 25:54
**Grünes Trikot**
1. Zabel 148 Punkte
**Gepunktetes Trikot**
1. Brochard 36 Punkte
**Gesamtmannschaft**
1. GAN 84:49:25

### 6. Etappe, Le Blanc – Maren-nes (216 km)
**Etappeneinzel**
1. Blijlevens 5:58:09h,
2. Traversoni, 3. Minali,
4. Moncassin, 5. McEwen,
6. Baldato, 7. Nazo, 8. Strazzer, 9. Simon, 10. Genty, ...
47. Ullrich, 80. Aldag,
81. Henn,84. Bölts,
116. Schmidt, 122. Zabel alle
gleiche Zeit, 183. Heppner
1:31min zurück

**Gesamteinzel**
1. Vasseur 34:12:44h, 2. Zabel 2:59min zurück, 3. Cipollini 2:15, ... 5. Ullrich 2:56,
67. Heppner 6:46, 138. Henn
11:26, 141. Bölts 11:44,
149. Aldag 12:55,
184. Schmidt 25:54
**Grünes Trikot**
1. Zabel 158 Punkte
**Gepunktetes Trikot**
1. Brochard 41 Punkte
**Gesamtmannschaft**
1. GAN 102:43:52h

### 7. Etappe, Marennes – Bor-deaux (190 km)
**Etappeneinzel**
1. Zabel 4:11:15h, 2. Kirsipuu, 3. Blijlevens,4. McEwen,
5. Strazzer, 6. Simon, 7. Vogels, 8. Moncassin, 9. Jalabert, 10. Traversoni, ...
24. Aldag, 41. Ullrich,
64. Bölts alle gleiche Zeit
67. Schmidt 36s zurück,
83. Henn 50, 186. Heppner
11:54min zurück
**Gesamteinzel**
1. Vasseur 38:23:59h, 2. Zabel 1:49min zurück,
3. Boardman 2:54, ... 4. Ullrich 2:56,123. Bölts 11:44,
129. Henn 12:16, 139. Aldag
12:55, 167. Heppner 18:40,
179. Schmidt 26:40
**Grünes Trikot**
1. Zabel 193 Punkte
**Gepunktetes Trikot**
1. Brochard 41 Punkte
**5. Gesamtmannschaft**
1. GAN 115:17:37h

### 8. Etappe, Sauternes – Pau (165 km)
**Etappeneinzel**
1. Zabel 3:22:42h, 2. Minali,
3. Blijlevens, 4. Moncassin,
5. Aus, 6. Fagnini, 7. Tschmil,
8. Strazzer, 9. N.Jalabert ,
10. Baffi, ... 20. Aldag,
45. Ullrich, 99. Bölts,

Doping-Sünder Dscha-
molidin Abduschaparow
vom belgischen »Lotto-
Team«, der nach Etap-
pe 6 von der 84. Tour de
France ausgeschlossen
wurde. Der Fall weckt
Erinnerung an den 13.
Juli 1967, jenem Tag, an
dem der britische Profi
Tom Simpson am
berüchtigten Mont Ven-
toux infolge Kreislaufkol-
laps nach Einnahme von
Dopingmitteln verstarb

113. Heppner, 115. Henn alle
gleiche Zeit, 158. Schmidt
7:50min zurück
**Gesamteinzel**
1. Vasseur 41:46:41h, 2. Zabel 1:21min zurück,
3. Boardman 2:54, ... 4. Ullrich 2:56, 109. Bölts 11:44,
112. Henn 12:16 ,118. Aldag
12:55, 150. Hepner 18:40,
180. Schmidt 34:20
**Grünes Trikot**
1. Zabel 236 Punkte
**Gepunktetes Trikot**
1. Brochard 47 Punkte
**Gesamtmannschaft**
1. GAN 125:25:43h

### 9. Etappe, Pau – Loudenville (178 km)
**Etappeneinzel**
1. Brochard 5:24:57h, 2. Virenque 14s zurück, 3. Pantani,
4. Ullrich beide gleiche Zeit,
5. Jimenez 33, 6. Dufeaux
41, 7. Escartin gleiche Zeit,
8. Riis, 9. Casagrande
1:07min zurück, 10. Olano
gleiche Zeit, ... 22. Bölts
2:57, 65. Zabel 17:08,
66. Aldag gleiche Zeit,
105. Heppner 27:57,
150. Schmidt 33:14,
151. Henn gleiche Zeit
**Gesamteinzel**
1. Vasseur 47:14:35h, 2. Ullrich 13s zurück, 3. Olano
1:14min zurück, ... 31. Bölts
11:44, 41. Zabel 15:32,
70. Aldag 27:06, 132. Henn
42:33, 140. Heppner 43:40,
174. Schmidt 1:04:37h
zurück
**Grünes Trikot**
1. Zabel 242 Punkte
**Gepunktetes Trikot**
1. Brochard 110 Punkte
**Gesamtmannschaft**
1. Telekom 141:48:4h

### 10. Etappe, Luchon – Andorra (242 km)
**Etappeneinzel**
1. Ullrich 7:46:06h, 2. Pantani 1:08min zurück, 3. Virenque gleiche Zeit, 4. Casagrande 2:01, 5. Riis 3:23,
6.Dufaux 3:27, 7. Jimenez
3:45, 8. Escartin gleiche Zeit,
9. Olano, 10. Elli, ...
37. Aldag 12:13, 63.Schmidt
28:55, 78. Bölts gleiche
Zeit,86. Heppner 33:01,
92. Zabel 43:01, 100. Henn
gleiche Zeit
**Gesamteinzel**
1. Ullrich 55:00:54h, 2. Virenque 2:58min zurück,
3. Olano 4:46, ...46. Aldag
39:06, 48. Bölts 40:26,

69. Zabel 58:20, 107. Heppner 1:16:28h zurück,
137. Henn 1:25:21,
165. Schmidt 1:33:19
**Grünes Trikot**
1. Zabel 254 Punkte
**Gepunktetes Trikot**
1. Virenque 209 Punkte
**Gesamtmannschaft**
1. Festina 165:17:08h

### 11. Etappe, Andorra – Perpignan (192 km)
**Etappeneinzel**
1. Desbiens 5:05:05h, 2. Finco, 3. Utschakow alle gleiche Zeit, 4. Moncassin 18s zurück, 5. Zabel, 6. Traversoni, 7. Baldato, 8. Andreau, 9. Baffi, 10. Pierobon, ... 49. Ullrich, 66. Heppner, 64. Henn, 100. Aldag alle gleiche Zeit, 149. Bölts 1:56min zurück,
165. Schmidt 17:10
**Gesamteinzel**
1. Ullrich 60:06:17h, 2. Virenque 2:38min zurück, 3. Olano 4:46, ... 44. Aldag 44:06, 46. Bölts 42:04, 67. Zabel 58:20, 105. Heppner 1:16:28h zurück,
133. Henn 1:25:21,
170. Schmidt 1:50:11

**Grünes Trikot**
1. Zabel 272 Punkte
**Gepunktetes Trikot**
1. Virenque 259 Punkte
**Gesamtmannschaft**
1. Festina 180:33:17h

### 12. Etappe, Saint-Ètienne – Saint-Ètienne (Bergzeitfahren über 55 km)
**Etappeneinzel**
1. Ullrich 1:16:24h, 2. Virenque 3:04min zurück, 3. Riis 3:08, 4. Olano 3:14, 5. Pantani 3:42, 6. Casagrande 3:56, 7. Vandenbroucke 4:44, 8. Jaskula 4:50, 9. Zberg 5:00, 10. Boogerd 5:40, ... 26. Bölts 6:52, 50. Heppner 7:57, 58. Henn 8:18, 61. Schmidt 8:25, 63. Aldag 8:29, 68. Zabel 8:33
**Gesamteinzel**
1. Ullrich 61:22:41h, 2. Virenque 5:42min zurück, 3. Olano 8:00, ... 42. Aldag 47:35, 45. Bölts 48:56, 64. Zabel 1:06:53h zurück, 98. Heppner 1:24:25, 126. Henn 1:33:39, 167. Schmidt 1:58:36
**Grünes Trikot**
1. Zabel 272 Punkte

**Gepunktetes Trikot**
1. Virenque 259 Punkte
**Gesamtmannschaft**
1. Telekom 184:37:19h

### 13. Etappe, St. Ètienne – L'Alp d'Huez (204 km)
**Etappeneinzel**
1. Pantani 5:02:42h, 2. Ullrich 47s zurück, 3. Virenque 1:27min zurück, 4. Casagrande 2:27, 5. Riis 2:28, 6. Zberg 2:59, 7. Bölts , 8. Conti, 9. Madouas alle gleiche Zeit, 10. Jalabert 3:22, ...76. Heppner 10:08min zurück, 92. Aldag 11:42, 117.Schmidt 12:29, 119. Zabel 12:56, 147. Henn 18:06
**Gesamteinzel**
1. Ullrich 66:26.10h, 2. Virenque 6:22min zurück, 3. Pantani 8:24, ... 40. Bölts 51:08, 48. Aldag 58:30, 73. Zabel 1:19:02, 92. Heppner 1:33:46, 139. Henn 1:50:58, 163. Schmidt 2:10:18
**Grünes Trikot**
1. Zabel 276 Punkte
**Gepunktetes Trikot**
1. Virenque 299 Punkte
**Mannschaftswertung**
1. Telekom 199:51:39h

### 14. Etappe, Bourg d'Oisans – Chourchevel (140 km)
**Etappeneinzel**
1. Virenque 4:34:16h, 2. Ullrich gleiche Zeit, 3. Escartin 47s zurück, 4. Dufaux 1:19min zurück, 5. Riis 1:24, 6. Pantani 3:06, 7. Casagrande 3:36, 8. Jimenez 3:50, 9. Olano gleiche Zeit, 10. Conti 4:41, ... 15. Bölts 10:58, 44. Zabel 24:46, 46. Heppner, 47. Aldag gleiche Zeit, 83. Henn 36:56, 152. Schmidt alle gleiche Zeit
**Gesamteinzel**
1. Ullrich 71:00:26h, 2. Viren-

Die Tour-Favoriten vereint in einer Gruppe, was vor allem in den Bergen eine Seltenheit war: Richard Verenque (links), neben ihm Sprinter-König Erik Zabel, unmittelbar dahinter Bjarne Riis und der »Gelbe« Jan Ullrich

que 6:22min zurück,
3. Riis 11:06, ... 27. Bölts
1:02:06h zurück, 47. Aldag
1:23:16, 65. Zabel 1:43:48,
77. Heppner 1:58:32,
133. Henn 2:27:54,
152. Schmidt 2:47:14
**Grünes Trikot**
1. Zabel 282 Punkte
**Gepunktetes Trikot**
1. Virenque 399 Punkte
**Mannschaftswertung**
1. Telekom 213:46:49h

### 15. Etappe, Courchevel – Morzine (217 km)
**Etappeneinzel**
1. Pantani 5:57:16h, 2. Virenque 1:17min zurück, 3. Ullrich gleiche Zeit, 4. Zberg 1:59min, 5. Casagrande, 6. Julich, 7. Escartin alle gleiche Zeit, 8. Riis 2.06, 9. Jimenez 2:37, 10. Camenzind 3:29, ... 13. Bölts 3:45, 49. Aldag 20:52, 53. Heppner 23:06, 79. Zabel 27:11, 109. Henn 32:33, 126. Schmidt 39:26
**Gesamteinzel**
1. Ullrich 76:58:59h, 2. Virenque 6:22min zurück, 3. Pantani 10:13, ... 23. Bölts 1:04:34h zurück, 46. Aldag 1:42:51, 65. Zabel 2:09:42, 70. Heppner 2:20:21, 120. Henn 2:59:10, 145. Schmidt 3:25:23
**Grünes Trikot**
1. Zabel 288 Punkte
**Gepunktetes Trikot**
1. Virenque 517 Punkte
**Gesamtmannschaft**
1. Telekom 231:45:45h

### 16. Etappe, Morzine – Fribourg/Schweiz (180 km)
**Etappeneinzel**
1. Mengin 4:30:11h, 2. Vandenbroucke, 3. Virenque, 4. Pierobon, 5. Dufaux, 6. Casagrande, 7. Olano, 8. Bölts,

9. Pantani, 10. Rodrigues, ... 11. Ullrich alle gleiche Zeit, 41. Zabel 21:55min zurück, 53. Schmidt, 57. Aldag, 89. Henn, 91. Heppner alle gleiche Zeit
**Gesamteinzel**
1. Ullrich 81:29:10h, 2. Virenque 6:22min zurück, 3. Pantani 10:13, ... 21. Bölts 1:04:34h zurück, 49. Aldag 2:04:46, 65. Zabel 2:31:37, 71. Heppner 2:42:16, 116. Henn 3:21:05, 140. Schmidt 3:47:18
**Grünes Trikot**
1. Zabel 288 Punkte
**Gepunktetes Trikot**
1. Virenque 527 Punkte
**Gesamtmannschaft**
1. Telekom 245:16:18h

### 17. Etappe, Fribourg/Schweiz – Colmar (190 km)
**Etappeneinzel**
1. Stephens 4:54:38h, 2. Camenzind 3s zurück, 3. Jekimow, 4. Roux, 5. Dekker, 6. Rodriguez, 7. Julich, 8. Utschakow, 9. Farazijn, 10. Mengin alle gleiche Zeit, ... 14. Zabel 3:58min zurück, 23. Schmidt, 30. Henn, 31. Ullrich, 49. Aldag, 54. Heppner, 55. Bölts alle gleiche Zeit
**Gesamteinzel**
1. Ullrich 86:27:46h, 2. Virenque 6:22min zurück, 3. Pantani 10:13, ... 21. Bölts 1:04:34h zurück, 50. Aldag 2:04:46, 66. Zabel 2:31:37, 71. Heppner 2:42:16, 116. Henn 3:21:05, 140. Schmidt 3:47:18
**Grünes Trikot**
1. Zabel 304 Punkte
**Gepunktetes Trikot**
1. Virenque 527 Punkte
**Gesamtmannschaft**
1. Telekom 260:08:13h

### 18. Etappe, Collmar – Montbeliard (164 km)
**Etappeneinzel**
1. Rous 4:24:48h, 2. Hervé 5:09min zurück, 3. Julich 5:10, 4. Roux, 5. Casero, 6. Robin alle gleiche Zeit 7. Dufaux 5:12, 8. Nardello 5:14, 9. Beltran gleiche Zeit, 10. Madouas 5:16, ... 11. Zabel 5:29, 35. Ullrich, 48. Bölts, 49. Henn, 69. Heppner, 70. Aldag alle gleiche Zeit, 111. Schmidt 24:42
**Gesamteinzel**
1. Ullrich 90:58:03h, 2. Virenque 6:22min zurück, 3. Pantani 10:13, ... 21. Bölts 1:04:34h zurück, 50. Aldag 2:04:46, 65. Zabel 2:31:37, 68. Heppner 2:42:16, 99. Henn 3:21:05, 138. Schmidt 4:06:31
**Grünes Trikot**
1. Zabel 314 Punkte
**Gepunktetes Trikot**
1. Virenque 574 Punkte
**Gesamtmannschaft**
1. Telekom 273:39:04h

### 19. Etappe, Montbeliard – Dijon (172 km)
**Etappeneinzel** *(Entscheidung durch die Rennjury)*
1. Traversoni 26s zurück, 2. Simon, 3. Saligari, 4. Henn, 5. Jekimow, 6. Bourguignon, 7. Dekker, 8. Knaven, 9. Utschakow alle gleiche Zeit, 10. Voskamp 4:03:17h Sieger-Zeit, 11. Heppner gleiche Zeit, 17. Schmidt 17:57min zurück, 20. Zabel, 41. Ullrich, 55. Aldag, 82. Bölts alle gleiche Zeit
**Gesamteinzel**
1. Ullrich 95:19:17h, 2. Virenque 6:22min zurück, 3. Pantani 10:13, ...21. Bölts 1:04:34h zurück, 51. Aldag 2:04:46, 59. Heppner 2:24:19, 65. Zabel 2:31:37,

85. Henn, 3:03:34, 137. Schmidt 4:06:31
**Grünes Trikot**
1. Zabel 320 Punkte
**Gepunktetes Trikot**
1. Virenque 574 Punkte
**Gesamtmannschaft**
1. Telekom 286:07:18h

### 20. Etappe, Disneyland-Paris – Disneyland-Paris (63km)
**Etappeneinzel**
1. Olano 1:15:57h, 2. Ullrich 45s zurück, 3. Gaumont 1:12min zurück, 4. Julich 2:24, 5. Dekker 2:26, 6. Moreau 2:56, 7. Brochard 3:10, 8. Dufaux, 3:11, 9. Virenque 3:32, 10. Kaspotis 3:48, ... 26. Bölts 5:13, 42. Aldag 6:35, 50. Henn 7:12, 60. Heppner 7:38, 109. Schmidt 10:02, 118. Zabel 10:24
**Gesamteinzel**
1. Ullrich 96:35:59h, 2. Virenque 9:09min zurück, 3. Pantani 14:03, ...21. Bölts 1:09:02h zurück, 51. Aldag 2:10:36, 60. Heppner 2:31:12, 66. Zabel 2:41:16, 84. Henn 3:10:41, 136. Schmidt 4:15:48
**Grünes Trikot**
1. Zabel 320 Punkte
**Gepunktetes Trikot**
1. Virenque 579 Punkte
**Gesamtmannschaft**
1. Telekom 290:07:42h

### 21. Etappe, Disneyland – Paris (150 km)
**Etappeneinzel**
1. Minali 3:54:36h, 2. Zabel, 3. Vogels, 4. Bleijlevens, 5. Hincapie, 6. Jonker, 7. Aus, 8. Loda, 9. Gaumont, 10. Sörensen, ... 39. Ullrich, 63. Aldag, 95. Henn, 121. Heppner, 128. Bölts, 136. Schmidt alle gleiche Zeit

# Abschluß-klassement der 84. Tour de France

Das sind schon
Dimensionen …

| | |
|---|---|
| 1. Ullrich | 100:30:35h |
| | min zurück |
| 2. Virenque | 9:09 |
| 3. Pantani | 14:03 |
| 4. Olano | 15:55 |
| 5. Escartin | 20:32 |
| 6. Casagrande | 22:47 |
| 7. Riis | 26:34 |
| 8. Jimenez | 31:17 |
| 9. Dufaux | 31:55 |
| 10. Conti | 32:26 |
| 11. Zberg | 35:41 |
| 12. Camenzind | 35:52 |
| 13. Luttenberger | 45:39 |
| 14. Beltran | 49:34 |
| 15. Robin | 58:35 |
| | h zurück |
| 16. Boogerd | 1:00:33 |
| 17. Julich | 1:01:10 |
| 18. Nardello | 1:01:30 |
| 19. Moreau | 1:02:48 |
| 20. Heulot | 1:06:13 |
| 21. Bölts | 1:09:02 |
| 22. Buenahora | 1:13:48 |
| 23. Roux | 1:17:44 |
| 24. Podenzana | 1:20:56 |
| 25. Madouas | 1:24:58 |
| 26. Chanteur | 1:25:48 |
| 27. Blanco | 1:29:18 |
| 28. Bourguignon | 1:29:35 |
| 29. Casero | 1:35:11 |
| 30. Elli | 1:37:23 |
| 31. Brochard | 1:39:15 |
| 32. Simon | 1:40:40 |
| 33. Rodrigues | 1:42:33 |
| 34. Totschnig | 1:42:49 |
| 35. Laukka | 1:43:05 |

| | |
|---|---|
| 36. Hervé | 1:44:04 |
| 37. P. Rodriguez | 1:45:55 |
| 38. Livingston | 1:46:23 |
| 39. Farazijn | 1:47:54 |
| 40. Vasseur | 1:54:02 |
| 41. Siboni | 1:56:05 |
| 42. Gougot | 1:56:15 |
| 43. L. Jalabert | 1:58:32 |
| 44. Jekimow | 2:01:23 |
| 45. Rous | 2:01:46 |
| 46. Bortolami | 2:03:35 |
| 47. Lelli | 2:05:26 |
| 48. Mengin | 2:06:57 |
| 49. Meinert-Nielsen | 2:07:38 |
| 50. Vandenbroucke | 2:09:34 |
| 51. Aldag | 2:10:36 |
| 52. Breukink | 2:13:44 |
| 53. Guerini | 2:14:21 |
| 54. Stephens | 2:23:40 |
| 55. De Los Angeles | 2:24:12 |
| 56. Peron | 2:24:48 |
| 57. Tafi | 2:25:53 |
| 58. Rebellin | 2:29:54 |
| 59. Jaskula | 2:30:15 |
| 60. Heppner | 2:31:12 |
| 61. Alonso | 2:32:25 |
| 62. Jonker | 2:33:38 |
| 63. Garmendia | 2:35:30 |
| 64. Den Bakker | 2:38:30 |
| 65. Odriozola | 2:40:08 |
| 66. Zabel | 2:41:16 |
| 67. Sciandri | 2:42:24 |
| 68. Sörensen | 2:43:47 |
| 69. Hamilton | 2:47:51 |
| 70. Cuesta | 2:50:02 |
| 71. Benitez | 2:53:37 |
| 72. Sgnaolin | 2:54:00 |
| 73. Zen | 2:54:29 |
| 74. Furlan | 2:56:21 |
| 75. Arrieta | 2:57:04 |
| 76. Arroyo | 3:04:05 |
| 77. Vidal | 3:04:27 |
| 78. Sierra | 3:04:58 |
| 79. Andreu | 3:05:00 |
| 80. Pellicioli | 3:07:09 |
| 81. Dekker | 3:07:17 |
| 82. Skibby | 3:07:50 |
| 83. Rault | 3:09:58 |
| 84. Henn | 3:10:01 |
| 85. Mauleon | 3:11:00 |
| 86. Valoti | 3:11:57 |
| 87. Baranowski | 3:12:45 |

| | |
|---|---|
| 88. Gouvenou | 3:12:52 |
| 89. Peeters | 3:13:33 |
| 90. Van Hyfte | 3:18:11 |
| 91. Artunghi | 3:18:29 |
| 92. Chaurreau | 3:20:28 |
| 93. Kasputis | 3:22:01 |
| 94. Agnolutto | 3:22:57 |
| 95. Saligari | 3:23:36 |
| 96. Jemison | 3:25:21 |
| 97. Tartaggia | 3:25:54 |
| 98. Voskamp | 3:26:27 |
| 99. Vogels | 3:26:46 |
| 100. Traversoni | 3:27:30 |
| 101. Genty | 3:27:56 |
| 102. Van Petegem | 3:29:20 |
| 103. Fagnini | 3:29:34 |
| 104. Hincapie | 3:31:08 |
| 105. Pretot | 3:32:07 |
| 106. Vanzella | 3:32:52 |
| 107. Knaven | 3:34:52 |
| 108. Cabello | 3:35:42 |
| 109. O'Grady | 3:35:56 |
| 110. Loda | 3:39:10 |
| 111. Guesdon | 3:41:04 |
| 112. Cenghialta | 3:41:06 |
| 113. Utschakow | 3:42:48 |
| 114. Moncassin | 3:45:03 |
| 115. Rinero | 3:45:14 |
| 116. Simoni | 3:45:33 |
| 117. McEwen | 3:45:47 |
| 118. Lombardi | 3:45:59 |
| 119. Baffi | 3:46:55 |
| 120. Scinto | 3:48:04 |
| 121. Garcia | 3:49:33 |
| 122. Minali | 3:51:26 |
| 123. Crepaldi | 3:51:49 |
| 124. Aus | 3:52:31 |
| 125. De Vries | 3:54:05 |
| 126. Blijlevens | 3:54:10 |
| 127. Desbiens | 3:54:32 |
| 128. Hoffman | 3:54:49 |
| 129. Finco | 3:57:27 |
| 130. Brasi | 4:02:11 |
| 131. Derame | 4:04:57 |
| 132. Tosatto | 4:06:05 |
| 133. Pierobon | 4:06:53 |
| 134. Poli | 4:11:22 |
| 135. N. Jalabert | 4:11:31 |
| 136. Schmidt | 4:15:48 |
| 137. Buschor | 4:17:35 |
| 138. Cueff | 4:18:18 |
| 139. Gaumont | 4:26:09 |

| Grünes Trikot | (Punkte) |
|---|---|
| 1. Zabel | 350 |
| 2. Moncassin | 223 |
| 3. Traversoni | 198 |
| 4. Blijlevens | 192 |
| 5. Minali | 156 |
| 6. Ullrich | 154 |
| 7. McEwen | 151 |
| 8. Virenque | 151 |
| 9. Simon | 145 |
| 10. Baffi | 131 |

| Gepunktetes Trikot | (Punkte) |
|---|---|
| 1. Virenque | 579 |
| 2. Ullrich | 328 |
| 3. Casagrande | 309 |
| 4. Pantani | 269 |
| 5. Brochard | 241 |
| 6. Dufaux | 212 |
| 7. Hervé | 176 |
| 8. Escartin | 141 |
| 9. Riis | 139 |
| 10. Jimenez | 136 |

**Bester Jungprofi** (bis 24 Jahre)
1. Ullrich

| | min zurück |
|---|---|
| 2. Luttenberger | 45:39 |
| | h zurück |
| 3. Boogerd | 1:00:33 |
| 4. Nardello | 1:01:33 |
| 5. Roux | 1:17:44 |

**Gesamtmannschaft**

| 1. Telekom | 301:51:30h |
|---|---|
| | min zurück |
| 2. Mercatone-Uno | 31:56 |
| 3. Festina | 47:52 |
| | h zurück |
| 4. Banesto | 1:05:15 |
| 5. Kelme | 2:20:22 |
| 6. Mapei-GB | 2:28:14 |
| 7. Rabobank | 2:40:30 |
| 8. Casino | 4:06:13 |
| 9. La Francaise des Jeux | 4:15:59 |
| 10. US-Postal | 4:26:19 |
| 11. Lotto | 4:32:12 |
| 12. Saeco | 4:47:32 |
| 13. Big Mat-Auber | 4:51:32 |
| 14. Cofidis | 4:56:08 |
| 15. TVM | 5:05:29 |
| 16. Once | 5:22:48 |
| 17. Gan | 6:02:28 |
| 18. Roslotto | 6:47:21 |
| 19. Polti | 7:33:58 |
| 20. Batik-del-Monte | 8:40:35 |
| 21. MG-Technogym | 9:48:28 |

Nicht nur Bonner Perspektiven für König Jan …

Das Erfolgs-Duo Jan Ullrich und Walter Godefroot (links) im Zwiegespräch. Der sportliche Leiter des Telekom-Teams war übrigens selbst einmal ein exzellenter Radfahrer. Der gebürtige Belgier holte beispielsweise bei Olympia 1964 in Tokio die Bronzemedaille im Straßenfahren und gewann bei der Tour de France insgesamt 10 Etappen

**Deutsche Etappensiege**
8 Altig (1962-69)
7 Zabel (1995-97)
6 Thurau (1977 und 1979)
3 Ludwig (1990-1993)
  Ullrich (1996-1997)
2 Bautz (1937)
  Wolfshohl (1967 und 1970)
  Thaler (1977-1978)
  Golz (1987-1988)
1 Stöpel (1932)
  Weckerling (1937)
  Wengler (1937)
  Oberbeck (1938)

**Etappensiege der Sprinter**
9 Dschamolidin Abdushaparow (UZB)
7 Erik Zabel (GER)
6 Mario Cipollini (ITA)
3 Jeroen Blijlevens (NED)
3 Nicola Minali (ITA)
2 Frederic Moncassin (FRA)

**Rekord-Etappensieger**
34 Eddy Merckx (BEL)
28 Bernhard Hinault (FRA)
25 André Leducq (FRA)
22 André Darrigade (FRA)
20 Nicolas Frantz (LUX)

»Paris grüßt den neuen Sultan des Sattels.«
DAILY MAIL

A Star is born – der 23jährige Jan Ullrich, geboren in Rostock, schreibt im Juli 1997 Sportgeschichte …

… Und muß gemeinsam mit seinem Trainer Peter Becker (links) beim Autocorso in Bonn »am Tag danach« die Freuden und Leiden eines neuen Helden beim begeisternden Empfang in Bonn auskosten. Mit dem Fahrrad hatte er wochenlang freie Fahrt …

**P.S.:** Nur 24 Stunden nach seinem Erfolg auf den Champs-Élysées gewinnt Jan Ullrich ein Flutlicht-Kriterium im Niederländischen Boxmeer. Das Ergebnis des Rennens ist nebensächlich, die Begeisterung hingegen fast überschäumend. 40.000 Menschen säumen die Straßen, und der »Tourminator« muß sich den Weg zum Start mit Autogrammen geradezu freischreiben.

»Das deutsche
Modell: Einfach und
bescheiden.
Nach Becker und Graf
wird Deutschland
verrückt nach einem
anderen Typ Held.«
LA REPUBLICA

»Manchmal dachte ich wirklich, ich sitze im Kino,
schaue mir selbst zu und wenn der Vorhang fällt,
ist alles vorbei.«                    JAN ULLRICH

IMPRESSUM

© 1997 by Sportverlag Berlin GmbH

Die Verwendung der Texte und Bilder, auch auszugsweise, ist ohne Zustimmung des Verlages urheberrechtswidrig und strafbar. Dies gilt auch für Vervielfältigungen, Übersetzungen, Mikroverfilmungen und Verarbeitungen mit elektroniscehn Systemen.

Die Deutsche Bibliothek – CIP-Einheitsaufnahme

**Große Schleife die Zweite**/Tour de France '97. Jan Ullrich/Hagen Boßdorf. – Berlin: SVB Sportverl., 1997

**Idee und Projektleitung:**
Raymund Stolze

**Herstellung:**
Olaf Prill

**Mitarbeit:**
Julia Niehaus (Schlußredaktion)
Christoph Hermanny (Statistik)
Marion Langen (Assistenz)
Eva Henschkowski (Foto-Assistenz)

**Umschlaggestaltung:**
Volkmar Schwengle/Buch und Werbung, Berlin

**Titelfoto:** Gero Breloer

**Zusatzfotos:** Deutsche Presse-Agentur (Archiv, dpa/AFP), Heinz Harder, privat, Edward Oudenarder, H. A. Roth, Sportverlag (Archiv), Ullsteinbilderdienst (CAMERA Press LTD., Pressefoto Schirner, H. A. Roth, Ullstein)

**Info-Grafik:** Lucie Deinzer

**Quelle der Streckenprofile:**
Organisationskomitee Tour de France 1997

**Redaktionsschluß:** 29. Juli 1997

**Satz u. Repro:** DTP-Studio Stöckel GmbH, Berlin

**Druck und Bindung:** Mohndruck Graphische Betriebe GmbH, Gütersloh

Printed in Germany

ISBN 3-328-00772-5

Gedruckt auf alterungsbeständigem Papier mit chlorfrei gebleichtem Zellstoff

**Unser ganz besonderer Dank gilt der großzügigen Unterstützung dieses Projektes durch die Deutsche Presse-Agentur, insbesondere den Herren Lothar Reich und Harry Radunz vom dpa-Sportdienst Berlin.**

# 84. Tour de France

Di. 8.

Plumelec

Le Puy

Chant

Mo

**Etappenstart**
**Etappenziel/Start**
**Strecke**
**Einzelzeitfahren**
**Transfer**